dtv

Tennis ist ein schöner Sport: der Rasen grün, die Socken weiß, die Menschen braungebrannt. Der Ball ist kleiner als beim Fußball und fliegt über ein niedriges Netz hin und her. Dabei macht er meistens »Blobb«, manchmal auch »Blitsch«. Soviel zum Idealfall, den man mit Glück zum Beispiel in Wimbledon im Publikum sitzend und Erdbeeren naschend erleben kann. Ganz anders sieht es dagegen auf den Plätzen der Amateurvereine aus. Da geht es zwar in jeder Hinsicht familiär zu, aber gekämpft wird ebenso verbissen wie an der Weltspitze. In die wahren Feinheiten und Geheimnisse dieses Sports, das weiß der Autor aus eigener Erfahrung, läßt man sich am besten von einem gestandenen Trainer einweihen. Das klingt dann manchmal so: »Weißt du, was ist Wichtigste bei Tennis?« »Ja, äähh?« »Ball muß ieberr Netz.«

Dieter Hildebrandt, geboren 1927 in Bunzlau, beherrscht eine Menge einfacher und auch komplizierterer Dinge im Leben, lesen zum Beispiel, Hunde an der Leine führen, auf Bühnen Zeug erzählen, kleine Reime machen oder Kursbücher lesen. Warum es nur mit dem Tennisspielen immer noch nicht so recht klappt, diesem Rätsel geht er hier auf den Grund.

Der Kabarettist, Schauspieler und Autor erhielt für seine ›Scheibenwischer‹-Sendungen den Deutschen Kleinkunstpreis. Mehrere Buchveröffentlichungen, zuletzt: ›Ausgebucht‹ (2004).

Kleine Philosophie der Passionen

Tennis

Von Dieter Hildebrandt

Deutscher Taschenbuch Verlag

Ausführliche Informationen über unsere Autoren und Bücher finden Sie auf unserer Website www.dtv.de

MIX
Papier aus verantwortungsvollen Quellen
FSC® C019821

Neuausgabe
2. Auflage 2012

Umschlagkonzept: Balk & Brumshagen
Gesamtherstellung: Druckerei C. H. Beck, Nördlingen
Gedruckt auf säurefreiem, chlorfrei gebleichtem Papier
Printed in Germany
ISBN 978-3-423-34328-2

*»Worin liegt der besondere Zauber
des weißen Sports?
Tennis ist ein Duell auf Distanz,
noch dazu das einzige Beispiel
dieser Spezies. Insofern gleicht es,
auf anderer Ebene, der Forderung auf
Pistolen.
Der wesentliche Unterschied besteht darin,
daß man sich nicht abmüht, dahin zu schießen,
wo der Gegner steht, sondern möglichst
dorthin, wo er nicht steht.«*

*Erich Kästner
(Lob des Tennisspiels)*

Inhalt

Laßt die Luft aus den Bällen!
9

Die Luft ist raus
16

Menschen zwischen den Linien
19

Laubenschlag
23

Tennis ist nicht nur ein Sport …
29

Das Leiden überwiegt, das Schaffen leidet …
34

Kann Tennis Magengeschwüre verursachen?
38

Wer Sport treibt …
43

Als die Katzen noch Mäuse fingen
50

Sommerfest im Laubenschlag
55

Eine schreckliche Familie
60

Nitschke und Nietzsche
67

Wer hat dieses blöde Spiel erfunden?
71

Das Turnier
74

Halleluja
78

Bald hat die Natur ein Dach über dem Kopf
80

Auf nach Wimbledon!
82

Rebellion auf Platz 4
87

Die Geschichte mit den Rockaufschlägen
88

Späte Einsicht
91

Nachträglich ist noch zu sagen …
92

Anhang
94

Laßt die Luft aus den Bällen!

»Ein geschwollener, aufgeblasener Körper«, so lautet die Auskunft, wenn man die Bedeutung des Wortes Ball in verschiedenen Lexika aufblättert.

Weiter ist zu lesen, daß es sich um einen »kugelförmigen, mit Luft gefüllten Gegenstand, der als Spielzeug oder Sportgerät verwendet wird«, handelt.

Es kann sich um Gummibälle, Fußbälle, Basketbälle oder Pingpongbälle handeln, ich meine aber diesen von mir seit Jahren mit Leidenschaft und Haß verfolgten Tennisball.

Seine Liebe zu mir hat sich in den vergangenen 45 Jahren in Grenzen gehalten. Wer sich so lange verzweifelt bemüht, ein einigermaßen verwendbarer Tennispartner zu werden, aber dem Versagen sozusagen nachblicken muß, kann mit Recht von einer Passion, von einer lebenslangen Leidenschaft sprechen.

Nirgendwo ist über diesen aufgeblasenen Filzkörper zu lesen, mit welcher Hinterlist, Bösartigkeit und vorsätzlicher Gefühllosigkeit seitens des Gegners das feindliche Flugobjekt geschlagen, geschnitten, überrissen, underspint oder overspint werden kann, so daß sich das Ding in seiner Flugbahn nach außen, innen und oben zugleich dreht und bei meinem Versuch, es mit dem Schläger zu treffen, hohnlachend links oder rechts an mir vorbeispringt. Ich behaupte nach wie vor steif und fest, daß es Bälle schon gegeben hat, die, nachdem sie hinter mir im Feld aufgesprungen waren, »Kuckuck!« gerufen haben.

Durch meine Träume springen Bälle, die ich nicht treffe. Sitze ich aber mit Menschen zusammen, die mir etwas langatmig erklären wollen, woran Steuerreformen zwangsläufig scheitern müssen, entwischen meine Gedanken auf meinen Tennisplatz, und ich sehe mich dem Ranglistenersten unseres »Clubs«, einem Herrn Kuhnert, einen Satz abnehmen. Das ist natürlich lachhaft, denn Dr. Helmut Kuhnert, Immobilien und auch sonst unangreifbar, schlägt und spielt bis auf seinen langjährigen Kontrahenten Ferdinand Rosenbauer alles in Grund und Boden. Er würde nicht einmal mit mir spielen oder Bälle schlagen. Ich wiederum würde gar nicht wagen, ihm so etwas anzutragen. Die Blamage wäre absehbar. Ich hätte auch nicht gern, daß er über mich lacht. Seine Aussagen über Politik, Kultur und Wirtschaft sind so hirnverbrannt wie leider auch wirksam im bayerischen Wohlstandsmilieu.

Und so schaue ich immer wieder neidisch seinem ausgezeichneten Tennisspiel zu und träume von einem Satzgewinn gegen ihn.

In unserem »Club«, der insofern gar keiner ist, als er nicht eingetragen ist, keinen Vorsitzenden oder Kassierer hat, sondern nur eine Leihplatzgesellschaft ist, habe ich als Tennisspieler noch nie eine Rolle gespielt. Ich habe es noch nicht einmal geschafft, auf die »Forderungsliste« zu kommen.

Allerdings werde ich, und ich fasse das als Kompliment auf, »Häuptling Böse Zunge« genannt.

Meine selbsterfundenen Geschichten werden dankbar entgegengenommen. Es kommt auch schon mal Gelächter auf, wenn ich versuche, Spieler, die in schon fast langweiliger Weise immer gegen unsereinen gewinnen, zu denunzieren.

Die Nummer 4 auf unserer Forderungsliste … das sollte ich vielleicht erklären.

Es handelt sich um eine im Clubcafé aushängende Rangliste, auf der die gegenwärtige Position von ungefähr 25 Spielern und die Forderungsspiele vermerkt sind. Fordern darf immer nur der, der einen Rang unter dem Geforderten liegt.

Möchte die Nummer 25 auf den Platz 24 vorrücken, läßt sie, wie früher beim Duell, den Geforderten wissen, zu welchem Zeitpunkt, mit welchem Schiedsrichter und mit welchen Bällen die Entscheidung fallen soll. Lehnt der Geforderte ab, fällt er automatisch einen Rang zurück.

Die Bedeutung solcher Spiele ist sehr groß, und die Nervosität der Kontrahenten hat an solchen Tagen schon zu kleineren Autounfällen geführt.

Also, an einem Dienstag im Jahre LassenSiemichnachdenken, ich glaube, genau an diesem Tage hat der Filmstar Curd Jürgens geheiratet und zwar irgendeine zweite oder dritte Frau, forderte der ewige Listenzweite F. Rosenbauer, ein inzwischen mächtig gealterter Synchronschauspieler, den befreundeten Dr. Kuhnert heraus und besiegte ihn.

Wir saßen oberhalb des Platzes mit mehreren Weißbieren in der Sonne und jubelten.

Dr. Kuhnert beschimpfte natürlich den Schiedsrichter, führte sich auf wie sein eigenes Klischee, betrank sich danach unmäßig und beschloß, seinen Schläger zu verbrennen.

Das ist übrigens ein Vorsatz, den ich auch schon mindestens zwanzigmal gefaßt habe – ach Gott. Ich verzeihe es mir.

Gestern zum Beispiel ist mir ein Passierschlag mit der Rückhand (!) gelungen.

Wo war ich nicht stehengeblieben und habe weitergedacht?

Ja, bei der Nummer 4 auf unserer Forderungsliste. Klaus Siebdruck – er machte überall rum, ob er einen Beruf erlernt hatte oder nicht, wußte keiner, er fuhr ein teures Auto und verbrachte fast den ganzen Tag auf dem Tennisplatz – hatte einen gefürchteten Schnellaufsteiger zu bezwingen, der innerhalb von drei Wochen die gesamte Liste aufgerollt hatte, bis zu Klaus Siebdruck eben, und wir versammelten uns auf dem Platz, um den schönen Klaus zu beobachten, wie er die sichere Niederlage hinnehmen würde.

Hier muß ich meine Befangenheit erklären. Klaus S. trug seinen Charme und seine Schönheit wie eine Fahne vor sich her, die er auch für meine Frau flattern ließ.

Es ist nicht so, daß ich eifersüchtig bin, aber ich möchte jeden, der sich so aufführt wie er, dorthin treten, wo es ihm am meisten weh tut.

Bei ihm war das schwer auszumachen. Sein hirnschmelzendes Lächeln, wenn er Frauen sah, sein lächerliches Herumtänzeln an der Grundlinie, sein willfähriges Lachen, wenn jemand einen schwachen Scherz machte, ließ darauf schließen, daß er eine dieser lebensbejahenden Figuren war, die morgens, wenn sie das erste Auge aufschlagen, sofort anfangen, fröhlich zu singen. Er war offenbar schmerzunempfindlich.

Seine Frau, lieb und nett, aber unscheinbar wie eine Laiendarstellerin in einer deutschen Fernsehserie und ausgestattet im Stil einer Provinzoperette, saß den ganzen Tag leidend, ohne Tennis zu spielen, an einem der Tische und schaute dem Treiben ihres Mannes zu.

Sie sagte nie etwas, nahm kaum an Gesprächen teil und haßte Tennis. Wie Kinder, die zu früh auf die Tennisplätze mitgenommen werden.

Frau Siebdruck interessierte sich nicht für Tennis, sie behielt nur ihren Mann im Auge und schwieg wie am Spieß.

Die Geschichte, wie wir wissen, kann immer nur von Ungerechtigkeiten berichten; Klaus Siebdruck war in diesem Herausforderungsspiel der Schwächere, hatte weder eine tödliche Vorhand noch eine unterschnittene Rückhand, war über Kopf miserabel, am Netz indiskutabel, seine Volleys tropften wie zerschlagene Eier drei Meter hinter dem Netz ins Feld, so daß der Gegner sie mit Verachtung strafen mußte und sie einfach nicht mehr annahm, zumal Siebdrucks Aufschläge in den meisten Fällen wie vergiftete Tomaten kurz hinter dem Netz notlandeten, aber ... das Grinsmonster, wie ich ihn nannte, gewann.

Vor ein paar Jahren, kurz vor einer neuerlich beabsichtigten Schlägerverbrennung, ist mir dieses Spiel wieder in Erinnerung gekommen. Siehst du, habe ich mir gedacht, etwas hat dir dein Trainer auf dem Münchner Waldplatz im südlichen Osten nicht beigebracht: List und Tücke.

Jahr um Jahr hat dieser Mann, der liebe, wunderbare Herr Nitschke aus Breslau, versucht, dir diese Schläge beizubringen, die knapp über die Netzkante zischen und auf der Grundlinie ordentlich aufspringen, so daß der Gegner etwas damit anfangen kann. Aber gewinnen wird damit nur jemand, der wirklich richtig Tennis spielen kann.

Nitschke, ich muß später noch einmal auf diesen unermüdlich meine Leidenschaft fördernden Mann zurückkommen, hat mir sofort nach der ersten Trainingsstunde mitgeteilt, daß mit einer Leistungsexplosion meinerseits wahrscheinlich nicht zu rechnen sein wird. Talente, meinte er, erkenne er sofort.

Mir war sofort klar, daß »Lärge« Nitschke, so wurde er genannt, einen Beruf als Psychologe nicht unbedingt versäumt hat.

Seit einem Jahr spiele ich wie Klaus Siebdruck.

Mein erstes Spiel gewann ich im Oktober vorigen Jahres.

Zu diesem Entschluß, ich meine, den Ball genau so schlecht

zu behandeln wie er mich, brachte mich ein Erlebnis, das mich in tiefe Nachdenklichkeit gestürzt hat.

Eine sehr schöne Verkäuferin in einem großen Sportgeschäft, die ich mit einer ganz dummen Geschichte bezaubern wollte, hat mir den Tip gegeben, für den ich ihr heute noch von Herzen dankbar bin.

Die dumme Geschichte:

Ich hatte gerade meine kantengeschliffenen Ski abgeholt, sah die Verkäuferin untätig herumstehen, setzte ein klagendes Gesicht auf und fragte sie, was ich da machen könne: Ich sei in meinem Skiurlaub gestürzt, habe einen Skilehrer gefragt, woran das liegen könne, und er habe gesagt, ich stünde halt nicht auf dem Tal-, sondern auf dem Bergski. Danach hätte er sich meine Ski angesehen und gesagt: »Mei, da kannst nix macha, host di hoit oschmiern lossn. De hom dir zwoa Bergski verkafft.«

Die Verkäuferin hat erst mal gestutzt, dann gelacht. Und dann gab sie mir den Tip, einen kombinierten Ski-Tennis-Urlaub zu machen. Dort in Tirol gäbe es Tennislehrer, die eine ganz neue Theorie des Tennisspiels erfunden hätten. Das Ganze käme aus Amerika, und sie hätte schon viele leidenschaftliche, aber unglückliche Tennisnarren nach Tirol geschickt, die nachher Dankesbriefe geschrieben hätten.

Natürlich bin ich sofort dort hingefahren und stand einem äußerst sympathischen Trainer gegenüber, einem Tschechen, der auf keinen meiner Scherze einging. Albernerweise erzählte ich, oder besser behauptete ich, eine Verkäuferin damit verunsichert zu haben, daß ich drei gelbe Matchbälle kaufen wollte. Er überhörte es elegant, ließ mich ein paar Bälle schlagen, winkte mich ans Netz, sah mich lange an und sagte:

»Weißt du, was ist Wichtigste bei Tennis?«

»Jaa, äähh?« sagte ich.

»Ich werde sagen dir: Ball muß ieberr Netz.«

Das hat mich überzeugt. Es war mir auch schon aufgefallen. Und als ich dann den schönen Klaus, der den ganzen Tag auf den zehn Sandplätzen des Waldplatzes verbracht und mindestens sechs Stunden hintereinander gespielt hatte, mit diesen Kartoffeln, die aber immer übers Netz kamen, siegen sah, änderte ich meinen ... naja, einen Stil hatte ich ja nicht, aber diesen fehlenden Stil änderte ich.

Natürlich erzählte ich meinem Trainer Nitschke von diesem meinem Entschluß. Lärge Nitschke grinste heimtückisch und ließ bei der nächsten Lehrstunde die Bälle springen. Bei ihm halfen List und Tücke nicht.

Total erschöpft donnerte ich danach meinen unschuldigen Schläger auf den Boden und schrie: »Laßt die Luft aus den Bällen!«

Siebdruck verschwand eines Tages spurlos. Er hatte sechs Jahre bekommen. Seine Nachtschichten waren mit den Gesetzen auf Dauer nicht zu vereinbaren gewesen. Nur Bruchspezialisten können den ganzen Tag auf dem Tennisplatz verbringen.

Eine schöne Frau ist ihm zum Verhängnis geworden.

Sie stand verzweifelt vor ihrer Haustür und hatte den Schlüssel drinnen gelassen. Siebdruck schwoll an zum perfekten Kavalier. Nachdem er im selben Haus wohnte, sah er ein Abenteuer auf sich zukommen, holte sein Werkzeug und öffnete die Tür in der Rekordzeit von 3 Minuten 22 Sekunden.

Pech für ihn: Der Mann der schönen Dame hatte einen Tag zuvor ein neues, absolut einbruchsicheres Schloß einbauen lassen.

Die Polizisten sollen Siebdruck gegenüber Respekt geäußert haben.

Die Luft ist raus

Der Sport mit dem aufgeblasenen Luftkörper wird immer unansehnlicher. Die Becker-Lehrlinge haben möglicherweise alle Schläge gelernt, aber sie wenden sie im falschen Moment an, und sie machen vielleicht auch das falsche Gesicht dazu.

Der Boris in mir meint, es könne sich dabei um die fehlende Leidenschaft handeln, die ich anzubieten hätte.

Aber im Tennis nimmt von mir keiner was.

Nicht einmal einen Rat an.

Als ein gieriger Privatfernsehsender vor Jahren das gesamte Tennis exklusiv aufkaufte, habe ich den genauso gierigen Deutschen Tennisbund angeschrieben: »Vorsicht, sie werden euch den Tennissport kaputt senden.« Man wird einschalten, den ersten Ton, dieses »Blobb« hören und sofort wissen, daß wieder der, den man vorige Woche im Semifinale gesehen hat, gegen den spielt, der im Finale gewesen ist, und die haben schon zwölfmal in diesem Jahr gegeneinander gespielt, und die Abwechslung lag darin, daß mal der eine und dann mal wieder der andere gewonnen hat. Manchmal ist es noch schlimmer, dann gewinnt immer derselbe, der heißt Sampras und macht immer das gleiche Gesicht dazu, spielt den Ball mal links, mal rechts, dann vor ans Netz und »Blitsch« und fifteen:love. Dann thirty:forty – Game und Matchball – ein Bier holen, und dann ein Südamerikaner, der besonders langweilig kuckt und sein Spiel zur Erledigung bringt wie ein

Beamter seine Akte. Der Junge sagt, Tennis interessiere ihn überhaupt nicht, aber wenn er reich genug ist, macht er eine Tennisschule auf und züchtet noch langweiligere Typen, für die niemand mehr den Fernsehapparat in Gang setzen wird. Tennis ist heute schon zu Ende gesendet. Und wenn es soweit ist, kann man auch zwei Ballkanonen gegeneinander spielen lassen.

Später tauchen vielleicht wieder zwei oder drei Mädchen oder Buben auf, die nicht nur Talent, sondern auch Lust haben. Das ist sehr wichtig, weil ja die Lust auch raus ist.

Wir Deutsche sind verwöhnt worden in den letzten fünfzehn Jahren. Bis zum ersten Wimbledon-Sieg von Boris Becker hatte noch nie ein Deutscher diesen Pokal in Händen gehalten.

Gottfried von Cramm und Wilhelm Bungert haben mal daran geschnuppert, aber es schien nahezu aussichtslos, in die Weltspitze vorzustoßen. Bei Graf und Becker hatte dann kein deutscher Tennisjournalist mehr damit gerechnet, daß die beiden *nicht* gewinnen. Als dann noch »der Elmshorner« dazukam, schien das Jahrtausend mit ihren Siegen zu Ende gehen zu wollen.

Kein Mensch sprach mehr davon, daß in den Jahren zuvor deutsche Spieler gar nicht erst hinfuhren. Im Jahre 1978 startete unter 128 Spielern kein einziger Deutscher, dagegen gab es 40 Amerikaner.

Aber es gewann der Schwede Borg.

Bei den Damen waren es immerhin zwei, die allerdings sehr bald ausschieden.

Im Jahre 1979? Kein einziger deutscher Spieler.

Auf die Frage, warum nicht, antwortete der DTB, daß die Jungens dafür, daß sie sowieso in der ersten Runde ausscheiden würden, zuviel Reisekosten verursachen würden.

Und wieder kein einziger war im Jahre 1980 dabei, dafür aber 50 Amerikaner. Es gewann Björn Borg.

Viermal bin ich in Wimbledon gewesen: '78, '79, '80 und '90.

In den ersten drei Jahren waren die deutschen Journalisten zwar nominiert, aber sie spielten im Kreise der Kollegen aus anderen Ländern so gut wie keine Rolle. Im Jahre 1990 hielten sie förmlich Hof in Wimbledon. Doch sie sägten munter an ihrem Ast, fotografierten die Graf-Loge mit der leidenden Stefanie-Mutter und dem aufgeflogenen Papa genüßlich und hörten nicht auf ein paar Weise im Hintergrund, die da sagten: »Freunde, schreibt sie nicht vom Platz, die Graf, Becker und Stich. Danach kommt nicht mehr viel.« Der Dummheit wachsen gewöhnlich verstopfte Ohren.

Aber sollten im Jahre 2000 drei oder vier Damen oder Herren so Tennis spielen wie Becker oder Graf oder Stich, fürchte ich, werden die Fernseheinschaltquoten geringer sein als erhofft. Die Luft ist raus.

Die FIFA sollte schnell einmal nachprüfen, wieviel Luft noch im Fußball ist.

Menschen zwischen den Linien

Meine unglückliche Liebe zum Tennis läßt mich lange Wege machen. Längst wohne ich nicht mehr in der Nähe meines geliebten »Waldplatzes«, aber ich spiele dort noch immer, weil die anderen Spieler sich an mein Spiel gewöhnt haben. Auf einem anderen Platz würde die Hetzerei von vorn anfangen. Also fahre ich noch heute zu dem Platz, auf dem meine Niederlagen herumliegen und mein »Lärge« Nitschke (Breslau) nicht mehr trainiert und auch leider nicht mehr lebt.

Er hat mich öfter einmal zur Seite genommen und mir zugeflüstert: »Heern Se amoll genau hin, was die Menschen da pletzlich fiern Ton druff hoben. Es iss so, als wenn die, wenn die die rote Asche schnuppern, die ganze Erziehung und die Bildung, mit der sie sich so groß tun, in die Tonne schmeißen.«

Hatte ich auch schon mit Erstaunen in die Ohren bekommen.

Damals, als Frauen noch nicht so intensiv in das Wirtschaftsleben integriert waren, gab es sehr viele ständige Vormittags-Damendoppel. Kurze, weiße Röckchen, plissiert, neckisch, für Damen in den Vierzigern/Fünfzigern passend, hochgesteckte Haare, traten immer mit ungebremstem Ehrgeiz in derselben Formation gegeneinander an. Und wenn man näher herantrat, konnte man die zwei auf der einen Seite böse zischen hören:

»Sie betrügt, die Frau Doktor Feuerstein. Immer betrügt sie.«

»Hab' ich auch so gesehen«, sagt die andere. »Von wegen Aus! Phh!«

»Ihren Mann habe ich gestern mit seiner Sprechstundenhilfe im Biergarten gesehen.«

»Geschieht ihr recht, der Betrügerin.«

Und dann mit Begeisterung über einen Ball der Frau Doktor Feuerstein:

»Wuuunderschöne Rückhand, Frau Doktor!!«

Etwas ungezwungener und offener der Schlagabtausch bei den Altherrendoppeln. Ein gemütlich anzuschauendes Wampenquartett, aber in der Bewertung der gegnerischen Bälle recht deutlich und, wie die Bayern sagen: gschert.

Ein Ball springt in der Nähe der Seitenauslinie auf.

Man hört nun folgendes:

»Aus!«

»Der war drin!«

»Naa, der war deutlich aus!«

»Drin war er!«

»Eine ganze Ballbreite im Aus!«

»Host du was mit die Augn?«

»Naa, i hob recht!«

»Wann host du scho omoi recht!«

»Immer, wenn i mit dir Doppel spui!«

Wenn die Herren ihr Doppel beendet haben, wird gemischtes Doppel gespielt.

Ob Ehekrisen durch Tennisspielen verursacht werden, weiß ich nicht, aber vertieft werden sie – sollten sie schwelen – bestimmt.

Es spielt das Ehepaar Klein gegen das Ehepaar Mettke.

Frau Klein schlägt auf und beginnt mit einem Doppelfehler.

Herr Klein: »Du wirfst den Ball nicht hoch genug.«

Frau Klein: »Ich weiß.«

Herr Klein: »Wenn du's weißt, warum machst du's dann?«

Frau Klein: »Kümmer dich um dich!«

Herr Klein: »Warum denn? Schlage ich jetzt auf oder du?«

Frau Klein: »Na, dann schlag doch. Nicht reden, sondern machen.«

Frau Klein schlägt wütend den Ball so scharf in die gegnerische Hälfte, daß der annehmende Gegner, Herr Mettke, den Ball nicht zurückgeben kann.

Frau Mettke: »Du stehst zu nah am Ball.«

Herr Mettke: »Nee, ich war zu weit weg.«

Frau Mettke: »Ja, aber du stehst immer zu nah am Ball. Das hat dir schon der Herr Nitschke immer gesagt.«

Herr Mettke: »Geh doch auf deinen Platz. Du mußt jetzt den Aufschlag annehmen.«

Frau Mettke: »Schön, daß du mir erklärst, wie Tennis geht. Ich spiele länger als du.«

Herr Mettke: »Das ist doch jetzt ...«

Frau Mettke: »Und besser, Fritz. Besser, merk dir das. Sagen alle hier im Club.«

Auf der anderen Seite tippt Frau Klein ungeduldig mit dem Ball auf. Sie vermutet, daß diese Mettke sie aus dem Spiel bringen möchte. Das kennt man ja! Genau das hat die Martina Navratilova neulich auch zur Raserei gebracht. Man weiß es auf dem ganzen Laubenschlag: Die Mettke mogelt und macht so Sachen.

Also ruft sie ihr hinüber: »Solltest du vergessen haben, daß ich Aufschlag habe? Kann ich jetzt, oder wie?«

Frau Mettke wird blaß vor Zorn.

Ausgerechnet von der Klein, von der »Mäuse-Monroe«, wie sie auf dem Platz heimlich genannt wird, muß sie sich das sagen lassen! Sie, die bei diesen Familiendoppeln immer besonders ausgeschnittene Tenniskleider trägt und sich beim Ballaufheben besonders tief bückt.

Und dort verhängen sich die Augen von ihrem blöden Fritz. Manchmal bückt sie sich auch so, daß man unter ihrem viel zu kurzen Röckchen ihre durchsichtigen Dinger sieht, diese Slips, diese peinlichen.

Fünfzehn Jahre lang muß sie diese unerwünschte Weiberfreundschaft schon ertragen. Bloß weil die Männer mal beim Skifahren mit voller Wucht ineinandergekracht sind und im Krankenhaus von Kitzbühel nebeneinander gelegt wurden.

Also trafen auch die Frauen bei den Krankenbesuchen aufeinander.

Hat sich doch nicht entblödet, diese Mini-Monroe, den alten Witz zu reißen: »Ach? Skifahren könnt ihr also auch nicht?«

Kühl kommt es von der anderen Seite:

»Ich warte schon lange.«

Man kann sich beim Lesen von Boulevardzeitungen manchmal nicht vorstellen, wo die Motive für all diese Morde herkommen.

Ich kann es.

Laubenschlag

Diese zehn Plätze, auf denen mein Herz herumliegt und Teile meiner Galle, ein paar Eimer Schweiß und auch eine Menge Geld, ganz zu schweigen von dem verkochten Alkohol, befinden sich dicht an einer breiten Straße und sind doch von dort aus nicht zu erkennen. Dichtbelaubte Bäume und Sträucher schützen die Ohren vor den Autogeräuschen, haben aber auch den Nachteil, die verschlagenen Bälle für immer zu verschlucken. In diesen Büschen muß ein Vermögen verborgen sein.

Auf einer wunderschön angelegten Terrasse sitzt man nach oder vor getanem Sport beim Bier oder Kaffee, während drei bis vier Meter weiter unten die hervorragend gepflegten Plätze locken. Trainer Nitschke betritt täglich früh um sechs die Plätze, wässert sie ordentlich, zieht die weißen Linien nach, rupft Gras aus und wischt unermüdlich mit seinem großen Lappen die Kampfspuren auf dem roten Untergrund weg. Erst wenn es dunkel wird, verläßt er den Laubenschlag.

Laubenschlag – wie kam es zu diesem Namen?

Schlag ist leicht erklärt. Bauern nennen ihre Felder Schläge. In früheren Jahren gehörte das ganze Grundstück zu einem großen Bauernhof. Vermutlich war es eine Viehkoppel. Später, als die Stadt sich dehnte, als die Städter ein bißchen Grün brauchten, wurden hier Schrebergärten angelegt.

Als der Zweite Weltkrieg dann total wurde, als die Bomber kamen, immer öfter kamen und immer erfolgreicher wurden, beschlossen die Bewohner der besonders bedrohten Mietshausviertel, sich ganz in ihre Gartenhäuschen zurückzuziehen. Sie dichteten die Lauben ab, machten sie winterfest und wurden hier ansässig.

Nach dem Ende des Krieges sahen sie keinen Grund, wieder in die Stadt zurückzukehren. Entweder waren die Häuser, in denen sie gewohnt hatten, zerstört, oder sie fanden das Leben in den Lauben lebenswerter.

Zehn Jahre nach Kriegsende begannen mit dem wirtschaftlichen Aufstieg der Bundesrepublik die Grundstückspreise zu steigen. Diejenigen, die sich für ein paar Mark pro Quadratmeter ihre Schrebergärten gekauft hatten, stellten eines Tages fest, daß sie auf einem teueren Grundstück wohnten. Der Quadratmeterpreis betrug inzwischen 500 Mark.

Fast ein bißchen erschrocken wurde den Leuten klar, daß sie auf einem Boden wohnten, den sie sich eigentlich gar nicht leisten konnten. Die meisten verkauften.

Im Laufe der nächsten zehn Jahre zogen Ärzte, Zahnärzte, Rechtsanwälte, Ingenieure und erfolgreiche Geschäftsleute in das Viertel. Man brauchte nun mehr Schulen, also Oberschulen, Gymnasien für die Kinder, andere Geschäfte für die Frauen. Teure Filialen von teuren Geschäften aus der Innenstadt setzten sich im neuen Viertel fest.

Ein Schwimmbad mußte unbedingt gebaut werden. Eine Mehrzweckhalle, Boutiquen, Buchhandlungen und Tennisplätze folgten.

Folgerichtig veränderten sich auch die Wahlergebnisse.

Später entwickelte sich am Rande des Orts ein ausgedehntes Industriegelände, und weltweit bekannte Firmen bezahlten ansehnliche Gewerbesteuern, was die Gemeinde natürlich nutzte, um an Glanz zuzulegen. Zwei berühmte Architekten bauten ein neues Villenviertel für die Menschen mit den 15 000-Mark-Jobs. Die Häuser sehen alle gleich aus, so daß völlig einleuchtend ist, was erzählt wird: Immer wieder verwechseln angetrunkene Ehemänner die Häuser und wachen bei fremden Frauen auf.

Von einem Waldviertel kann heute nicht mehr die Rede sein, aber an den großen Straßen, die die früher anmutige Landschaft zervierteln und zerachteln, stehen noch Kastanienbäume als Staubschlucker.

Die Unfallstatistik des vorigen Jahres sieht sich bedenklich an. 16 Hunde, 32 Katzen und 3 Nikoläuse wurden überfahren.

Daß die Plätze am Laubenschlag von dichtem Gebüsch umwuchert sind, haben sie einzig und allein dem Trainer, Platzwart und Landschaftsgärtner »Lärge« Nitschke zu verdanken.

Eines Montags früh waren ein paar Männer mit einer Motorsäge erschienen, um auf Anordnung der Gemeindeverwaltung »das Gestrüpp« zu beseitigen.

Nitschke bekam auf die Frage, was das zu bedeuten hätte, die Antwort, man hätte den Auftrag, das Gelände »sauber zu machen«. Nitschke telefonierte und bekam seitens der Verwaltung die Auskunft, man erkenne zwar an, daß er viele Stunden Arbeitszeit geopfert hätte, um den Laubenschlag zu verschönern, aber dazu hätte man ihm nicht den Auftrag gegeben.

Ein paar Monate später erschienen zwei Herren der Lokalbaukommission, die nach langen Messungen erklärten, der Zaun müsse, angesichts der allgemeinen Baulinie, einen halben Meter nach hinten versetzt werden. Nitschke tat auch das.

Wenig später tauchten die Herren des Wasserwirtschaftsamtes auf, die wiederum behaupteten, die hintersten zwei Plätze lägen bereits im Trinkwassereinzugsgebiet und müßten verschwinden.

Auch das geschah.

Ein halbes Jahr später, mitten in der Saison, gingen drei Klagen von Anliegern wegen Lärmbelästigung ein. Dieses ständige »Blobb« würde eine nervliche Belastung darstellen.

Das war der Zeitpunkt, an dem Nitschke die auf den Plätzen spielenden Damen und Herren bat, den Grund für die offensichtlichen Schikanen herauszufinden. Die Auflösung war verblüffend.

Der Besitzer des Grundstücks, das von einem bekannten Sportgeschäft gepachtet war, hatte ein paar Herren im Gemeinderat von seiner Absicht in Kenntnis gesetzt, auf diesem Grundstück eine Mietshaussiedlung für gehobene Ansprüche hochzuziehen, wenn sie die unpopuläre Aufgabe übernähmen, diese uneinträglichen Tennisplätze verschwinden zu lassen. Von Bestechung konnte nicht die Rede sein, denn der Eigentümer hatte ausdrücklich gesagt: »Geld spielt keine Rolle.«

Nachdem die Anwälte Mettke und Klein maßgeblich an der Aufdeckung des Falles beteiligt gewesen sind und auch kein Honorar in Rechnung gestellt haben, genießen sie hohes Ansehen auf dem Laubenschlag und dürfen dort zeitlebens umsonst spielen.

Meine Hochachtung vor den beiden Herren, wie auch vor ihren Damen, war, gemessen an dem, was sie erwarteten, nicht ganz ausreichend.

Klein erzählte, ob man sie hören wollte oder nicht, quer über die Tische unentwegt Witze. Mettke meinte, er könne das noch besser und vor allem länger. Die Damen schütteten sich aus vor Lachen. Und das in Tonlagen, die allenfalls von Lastkraftwagen überfahrene Trompeten erzeugen können.

Die beiden Damen spielten ganz passabel Tennis. Spielten

sie ein Einzel gegeneinander, durfte der Ball drei- oder viermal hin und her fliegen.

Sobald sich die Herren einschalteten, mieden die Bälle den Raum zwischen den Linien.

Der unglückliche Zufall wollte es einmal, daß Rechtsanwalt Klein und ich partnerlos auf der Terrasse saßen. Klein forderte mich auf, ein paar Bälle zu schlagen.

Was kann ein junger Mensch, der Neuling auf dem Laubenschlag war, dagegen einwenden, wenn ein alter, erfahrener Laubenschläger ihm die Gnade erweist, mit ihm auf den Platz zu gehen? Nichts. Schweren Herzens ging ich.

Die ersten zwei Bälle schlug er ins Netz. Das beruhigte mich. Die nächsten aber auch. Dann ließ er mir einen Return zukommen, der in sich verwickelt, hoch abspringend, also im Grunde unannehmbar war. Ich ließ den Ball passieren.

Dann kam der Gegner in meine Hälfte. Und er kam mit einem Gesicht, das ich schon an meinem Erdkundelehrer gehaßt hatte. Mit dem Gesicht dessen, der mir unwissendem Würstchen erklären wird, wo Archangelsk liegt.

Der Herr Rechtsanwalt meinte, es läge alles daran, daß ich den Schläger falsch hielte. Hatte mir wirklich gefehlt, diese Erkenntnis.

Es gibt nichts Schlimmeres, als wenn schlechte Spieler schlechten Spielern erklären, daß sie schlecht spielen.

Ich habe mich revanchiert. Und zwar mit einem langen Witz.

Ich hatte erfahren, daß er auch schlecht Golf spielt.

»Kennen Sie den?« begann ich, mühsam meinen Zorn verbergend, denn nichts kann meinen Zorn besser hervorrufen als Kritik an meinem Tennisspiel.

Er hörte mit gequältem Gesicht zu.

»Ein Golfspieler schlägt ab. Hoch, weit, aber in die falsche

Richtung. Der Ball ist verschwunden. Der Spieler sitzt im Casino, und nach einigen Stunden kommt aus der Richtung des verschlagenen Balles ein Sportsfreund, zeigt ihm den Ball und fragt, ob der ihm gehöre. Der Verschläger nickt und fragt, wo er ihn gefunden habe.

Ja, meint der, das wäre eine lange Geschichte. Der Ball hätte zunächst einen Radfahrer auf der nahen Straße umgemäht, der wäre tot vom Rad gefallen, direkt vor ein Auto, das vor Schreck in ein anderes gefahren wäre, woraufhin der nachfolgende Bus beim Ausweichversuch die Böschung hinuntergekugelt wäre auf die Eisenbahngleise, auf denen gerade der Zug …, das wiederum ließ den gerade landeanfliegenden Piloten jenen Fehler machen, der die Maschine mitten in das benachbarte Dorf … alles in allem 482 Tote.

Der Täter, also jener, der den verhängnisvollen Golfball geschlagen hat, ist fassungslos und ruft entsetzt: ›Mein Gott, was soll ich denn machen?‹

Und der Finder des Balles sagt: ›Wissen Sie, Sie müssen den Schläger immer in diese Richtung …‹«

Ob Herr Klein überhaupt gelächelt hat, weiß ich heute nicht mehr. Sicher ist nur, er hat mich nie mehr auf den Platz gebeten.

»Tennis ist nicht nur ein Sport, sondern auch eine Kunst«

(Erich Kästner)

Meine ästhetischen Ansprüche, die ich an das Tennisspiel stelle, sind so hoch, daß ich ihnen im Leben nicht genügen können werde. Als ich das erste Mal dieses »Blobb« hörte, ging ich diesem mir sehr angenehmen Ton nach und sah zwei junge Männer einen weißen Ball über ein grünes Netz schlagen.

Das gefiel mir.

Es geschah in einer Zeit, vermutlich im Sommer 1941, die für Tennis nicht so recht geeignet war. Die HJ pflegte wehrfördernde Sportarten, zum Beispiel 10 000-Meter-Lauf für die Gepäckmärsche durch den Kaukasus, Reckturnen, um geschmeidig sich an feindlichen Festungen hoch und klimm zu ziehen, Keulenweitwerfen, Speerwerfen wegen der späteren Handgranaten und Sprinten, um dem fliehenden Feind nachzulaufen. Wir haben das später für das Gegenteil nutzen können.

Tennis? Reines Spiel. Nichts für große Zeiten.

Es gab da zwar den Herrn von Cramm und den Henner Henkel und den Göpfert, aber erstens waren sie vor dem Krieg nicht so sehr erfolgreich, und im Krieg fanden sie keine Gegner im Ausland, das ja, was Europa anbetraf, nahezu vollständig Inland geworden war.

Gottfried von Cramm war 1935, '36 und '37 im Wimbledon-Endspiel, verlor alle dreimal und setzte sich bei den Funktionären noch dem Vorwurf aus, durch völlig unnötige Fairneß mindestens einmal den Sieg verschenkt zu haben.

Im Juli 1951 schleppte mich ein Freund auf den Iphitos-Platz in München. Bis dahin hatte ich mich um Tennis nicht mehr gekümmert, denn ich hatte andere Sorgen. Ich versuchte mich mit drei Mark pro Tag am Leben zu erhalten.

Just zu dieser Zeit machte Tennis wieder von sich reden.

Die Bundesrepublik war mit ihrer Davis-Pokal-Mannschaft ein paar Runden weitergekommen und hatte um den Einzug ins Semifinale gegen Italien zu kämpfen. Ein Freund hatte eine Eintrittskarte zuviel.

Als ich das Stadion betrat und die Spieler sich gerade einschlugen, hatte es mich gleich wieder gepackt. »Blobb!« mit Hall. Dieses Raunen, wenn ein scharf geschlagener Ball von der Netzkante sprang und der Gegner in die falsche Richtung lief!

Und wer spielte dort unten zu meiner größten Überraschung und Freude? Der vielgeschmähte Gottfried von Cramm im ersten Einzel gegen den Italiener Cucelli.

Cucelli schlug den Ball beim Aufschlag deutlich um die Ekke. Cramm retournierte, als hätte er das gar nicht bemerkt. Scharf in die Ecken schoß er seine Bälle.

Es war das letzte Mal, daß ich einen Spieler in einem öffentlichen Match in einer langen weißen Hose spielen sah. Die Hose nahm keinerlei Schaden, die Bügelfalten blieben messerscharf, das Gesicht des Gutsherrn von Cramm verriet keinen Kampfeseifer. Mit unbewegter Miene gewann er den Fünfsatzkampf.

Sein Mannschaftskollege Buchholz war gefürchtet wegen seiner Bombenaufschläge. Buchholz schlug vier unannehmbare Superbombenknallaufschläge, machte mit derselben Kraft 21 Doppelfehler und verlor.

Seine Rechnung war irgendwie falsch angesetzt, fand ich.

Die BRD-Mannschaft gewann mit 3:2.

Von diesem Tag an hatte mich die Passion im Griff.

Ich ließ keinen Tag der jährlich stattfindenden Internationalen Bayerischen Meisterschaften aus und auch nicht das erste Auftreten des ersten Tennis-Zirkus mit Berufsspielern.

Jack Kramer, der Wimbledon-Sieger von 1947, Gonzales, Pancho Segura und Frank Sedgman standen auf den Plakaten.

Segura betrat als erster das Stadion. Ein Lachen kam auf, das jedoch verhalten klang und sofort abbrach, als wenn es den Zuschauern peinlich gewesen wäre. Das Tennispublikum jener Jahre hatte noch Format. Es klatschte grundsätzlich nicht, wenn dem Gegner des »eigenen« Spielers ein Doppelfehler passierte, es applaudierte auch bei guten Bällen des Gegners, und es zischte sogar empört, wenn der eine oder andere Zuschauer das Gesetz der Fairneß durchbrach.

Es war absolut undenkbar, daß vor dem Aufschlag Zurufe erklungen wären oder idiotisches Gekreische von Girliegruppen, die Tennis zunehmend mit Rockkonzerten verwechseln, wobei mir auch dort schon manchmal der Gedanke gekommen ist, ob man in solchen Fällen nicht die Kopfnußstrafe wieder einführen sollte.

Auch ich hatte, es sei geklagt, gelacht, als Pancho Segura wie ein einsamer Stier die Arena betreten hatte. So krumme Beine hatte bis zu diesem Tage wohl noch keiner der Zuschauer gesehen. Auf diesen Beinen saß ein sehr kurzer Körper, auf ihm wiederum ein sympathischer, schwarzlockiger Kopf mit Augen, die bis in die zwanzigste Tribünenreihe blitzten.

Vor mir sagte eine Dame kichernd: »Ein Wunder, daß der überhaupt laufen kann!«

Nach ihm erschienen die drei anderen Herren des Doppels, Gonzales, McGregor (der Verlierer des Wimbledon-Finales von 1951) und Frank Sedgman, der Wimbledon-Sieger von 1952.

Das Einschlagen begann. Pancho, der Säbelbeinige, erwartete den ersten Ball, und blitzschnell schossen beide Arme von Segura nach vorn und peitschten den Ball über den Platz, daß man meinte, der Ball habe eine Rauchentwicklung gezeigt. Das Publikum stöhnte auf, es war verblüfft, niemand schaute mehr auf die Beine, und man war gespannt, was Sedgman auf der anderen Seite machen würde, um dieses Geschoß zu entschärfen. Sedgman machte nicht viel, er hielt seinen Schläger hin, und der Ball rauschte mit doppelter Geschwindigkeit auf Segura zu, der dann nichts anderes tun konnte, als ihn mit einem Schnitt zu entschärfen.

Ich hatte in die Zukunft des Tennissports geschaut.

Noch war nicht bekannt, wieviel diese Künstler für ihr Spiel verdienten. Die vier genannten Spieler hatten ihre Amateurlaufbahn beendet. Das mußten sie, weil die Amateurbestimmungen damals noch sehr streng gehandhabt wurden. Wer nur eine einzige Mark nahm, verlor die Teilnahmeberechtigung in Wimbledon.

Merkwürdig schien es uns, daß in all den Jahren um 1950 herum die Internationalen Bayerischen Meisterschaften die Teilnehmerliste im Münchner Iphitos so großartig besetzen konnten.

Jedes Jahr kamen die Budge Patty, Seixas, Hoad, Rosewall und reisten von München aus weiter nach Berlin, Hamburg, Düsseldorf und Köln. Bezahlten sie das aus eigener Tasche? Aus Freude am Tennis? Es gab mißtrauische Funktionäre, die das streng überprüft hatten, aber man fand nichts. Wasserdichter Amateurismus.

Das Geheimnis wurde später gelüftet und die Lösung war simpel:

Alle diese Stars bekamen zu jedem Spielplatz in Europa die Kosten für die Anreise von Australien beziehungsweise Amerika ausbezahlt – auch wenn sie nur zwanzig Minuten von Düsseldorf nach Köln zu fahren hatten.

Als der Amateurstatus ausgelitten hatte, blieben die Wimbledon-Finalisten jäh aus und haben den Münchner Iphitosplatz nie wieder betreten.

Mit meiner gnädigen Frühgeburt konnte ich das alles noch für wenig Geld erleben.

Das Leiden überwiegt, das Schaffen leidet, die Hoffnung siegt.

Immer wieder sehe ich den von mir geschlagenen Ball dort ankommen, wo ich ihn auf keinen Fall hinhaben will, aber immer wieder stelle ich mich auf diesen Platz, vor dieses unüberwindliche Netz, hinter dem auch noch ein gewinnsüchtiger Gegner lauert.

Elf- oder zwölfmal im Jahr trifft mein Schläger den Ball im richtigen Moment, in der richtigen Höhe, und er nimmt Fahrt auf, bewegt sich direkt auf den Gegner zu, ich schaue ihm verzückt nach, sehe für den Gegner nicht die Möglichkeit einer Gegenwehr und rechne mir bereits diesen Punkt als einen besonders schönen an, während der auf der feindlichen Seite leichtfüßig zur Seite tritt, bereits ausgeholt hat und mir meinen, von mir geschlagenen Prachtball mit einer lässigen Bewegung zurückgibt, so als ob dieser Schlag die Norm wäre und ein halbwegs guter Spieler solch einen Schlag zehnmal hintereinander schlagen können sollte. So etwas deprimiert.

Mein Ohr ist sehr empfindlich geworden. Gab es früher dieses schöne »Blobb«, das von einer ganz natürlichen Schlägerbespannung herrührt, hört man jetzt auch manchmal ein »Blöbb«, wo ich eine Überspannung vermute, oder dieses höchst gefährliche »Blitsch«, das wohl so häßlich klingt, weil der Spieler irgendeine falsche, absichtlich falsche Schlagstellung eingenommen hat. Er legt sein Gewicht dann nicht auf den vorderen Fuß, sondern auf den hinteren, reißt den Schläger nach oben und gibt dem Ball einen Trudler, der ihn in die Lüfte erhebt, als wolle er weit hinter der Grundlinie des Gegners niederkommen, was er aber nicht tut. Er schlägt noch einen Meter vor der Linie mit einem Doppeldrall auf und kann nur dadurch beantwortet werden, daß man genauso falsch zuschlägt. Wenn man das beherrscht, kann man es stundenlang machen, ohne daß das Spiel irgendeine Wendung nähme.

Wer die größere Geduld hat, schläfert den Gegner ein, und dieser wird dann schlafend als Verlierer in die Kabine getragen.

Man nennt das Topspin und benutzt es, um die Zuschauer von den Plätzen zu vertreiben, wenn man es nicht leiden kann, das Tennisspiel. Dieses »Blitsch« tritt als Geräusch bei mir höchst selten auf. Bei meinen »Matschschess« (Zitat Boris) entsteht häufig ein »Blömpf«.

Ungefähr so klingt ein »Rahmenball«, das heißt: wenn man den Ball mit dem Holz trifft. Ein in dieser Weise geschlagener Return ruft, wenn es gelingt, daß der Ball in das gegnerische Feld abspringt, großes Entzücken der Gegner hervor.

Man wird auf allen Plätzen gefürchtet sein.

Am Laubenschlag spielte von früh bis abends ein Mann, der nichts und niemanden fürchtete. Herrmann Mostmaier.

Mostmaier ist ständig stark gerötet im Gesicht, ist bösartig im Umgang mit allen Altspielern des Clubs, grinst tückisch bei Aussprüchen des Dr. Kuhnert, winkt ab, wenn Ferdinand Rosenbauer, den er verächtlich »Platzkomiker« nennt, das Wort an ihn richtet. Er ist schlichtweg immer betrunken, spielt aber unentwegt mit allen Tennis, schimpft, hustet, schluckt Alkohol aller Art zu jeder Tageszeit und verträgt viel. Mostmaier lallt nie!

Als ich ein paar Wochen am Laubenschlag gespielt hatte, forderte er mich auf, ein Match gegen ihn zu bestehen.

Ich zierte mich und meinte, ich sei nicht so gut, daß ich …

»Quatsch!« fuhr er mich an. »Gegen mich gewinnt hier jeder!«

Als wir hinunter zum Platz gingen, bemerkte ich, daß er irgend etwas am linken Bein hatte. Er zog es nach. Aha, dachte ich, da liegt dann wohl meine Chance. Aber sollte man so etwas ausnutzen?

Er schien meine Gedanken zu erraten und rief grob herüber:

»Rücksicht nehmen werden Sie sich nicht leisten können, Kamerad.«

Mostmaier warf sein Handtuch auf die Bank, zog ein kleines Fläschchen aus der Brusttasche seines Hemdes, trank den Inhalt mit einem Schluck aus und sagte: »Ich habe Aufschlag.«

Er bestimmte auch, ob die Bälle aus oder in waren, er zählte laut und schrie die Kommentare zu seinem eigenen Spiel über den Platz. Ich habe noch nie so viele Schimpfwörter hintereinander gehört. Er meinte immer sich selbst.

»Du blöder blöder Hundskrüppel, idiotischer, paß auf Scheißkerl, komischer Knallkopf, depperter Depp, dämlicher Gschwollschädel, schiacher, schimmliger Scheißprügel, popliger Schnapsschlucker, hirnloser Hornochs, hundsmiserabler Kotzkopf, Kruzinesenkackkomiker, lächerlicher, Leckmichamarsch. Aber wirklich.«

Langsam gewöhnte ich mich an die Geräusche, schlug tatsächlich manche Bälle, die den Mostmaier, na sagen wir mal, auf den falschen Fuß schickten. Dann winkte er nur ab und ergab sich in diesen Punkt. Er hatte wohl Schwierigkeiten, eine einmal eingeschlagene Laufrichtung zu ändern.

Aber sonst war der Mostmaier phänomenal. Er schien die

Richtung der von mir geschlagenen Bälle eher zu wissen als ich. Jedenfalls war er meistens dort, wo der Ball hinkam.

Oder er wirkte auf mich und meinen Schläger irgendwie magnetisch. Ich schlug einfach dorthin, wo er stand.

Das Sensationelle für mich war, daß ich hätte gewinnen können, wenn ich – man muß das, was Tennisreporter uns an kostbarem Sprachgut schenken, dankbar annehmen – wenn ich »zu meinem Spiel gefunden hätte«. Das heißt, mein Spiel war irgendwie unauffindbar, war weg, und ich sollte dorthin finden, wo es war. Nicht es sollte dorthin zurückkommen, wo ich spielen wollte, sondern ich sollte zu ihm. Was absolut sinnlos ist, wenn es sich in der Kantine befindet.

Richtig war, daß ich an diesem Nachmittag nicht zu meinem, sondern zu seinem Spiel fand, was ich aber nicht so heftig bedauerte, denn ich hätte ja beinahe einen aus der Altgarde des Laubenschlags besiegt.

Mostmaier war natürlich sein Spitzname. Er hieß Maier. Selbstverständlich war ich verpflichtet, ihn zu einer Flasche Sekt einzuladen, die er auch ohne Widerspruch akzeptierte, aber in Whisky umrechnete.

Es wuchs zwischen uns ein kleines Sympathiepflänzchen. Seine gegen ihn selbst gerichtete Schimpfattacke setzte sich fort, aber nun gegen Personen des öffentlichen Lebens.

Nachdem ein bißchen Luft in die Whiskyflasche gekommen war, traute ich mich zu fragen, was denn mit seinem Bein los sei.

Er grinste, zog die Trainingshose hoch bis zum Knie, nahm meine Hand und drückte sie an sein Knie.

Es war eine Prothese.

Kann Tennis Magengeschwüre verursachen?

Natürlich. Was sonst? Beruflich ärgere ich mich zu Lasten meines »Abweissystems«, das schlechte Kritiken, bösartige Einwände der Partner, Hintergrundgeraunze von Konkurrenten einfach neutralisiert durch die Vermutung, daß diese Leute nicht ertragen können, wenn man mal gut ist.

Manchmal merkt man es ja nicht einmal selbst, wenn das passiert ist. Erst durch die Reaktionen der anderen wird man auf seine Qualitäten gestoßen.

Im Tennis wird die Wutreaktion des Gegners sofort bestraft durch seinen Fehlschlag. Schläger und Ball gehorchen ihm nicht mehr. Der Ball springt steil in die Höhe und landet auf dem Schoß eines Zuschauers, der Schläger ächzt: »Was machst du mit mir, du Idiot?«

Bei den Profi-Turnieren kann man sehen, wohin diese Bemerkung des Schlägers führen kann. Der Schlagführende schmettert seinen Schläger auf den Boden und antwortet unangemessen mit der Todesstrafe. Der Schläger ist exekutiert und wird in dieser Form wohl kaum mehr zum Einsatz kommen.

Mir selbst ist mein Schläger mein Hund, mein Pferd, meine Schwester, mein Freund und mein Augenzeuge bei Vorgängen, die nur er in aller Härte beschreiben könnte.

Wie oft hatte er nur die Chance, falsch hingehalten zu werden, dem Ball resigniert nachzuschauen und zu seufzen:

»Mein Gott, wem bin ich da in die Hände gefallen?«

Meine Treue zu meinem Schläger ist nur durch mein Mitleid mit ihm zu erklären. Seit dreißig Jahren besitze ich ihn. Nie habe ich ihn neu bespannen lassen, weil ich Angst hatte, ich könnte ihm weh tun.

Jeden Sonntag packe ich ihn ein, küsse ihn und erbitte einen Sieg gegen meinen Dauergegner D. H., der viel besser spielt als ich, aber manchmal vergißt, dieses in Anwendung zu bringen.

Seit fünfundzwanzig Jahren spiele ich gegen D. H.

Ein paarmal habe ich schon gewonnen. Das waren dann Sonntage, die ich durchtrank, durchtanzte, an denen ich vor Glück nicht einschlafen konnte und an ernste Arbeit nicht zu denken war.

Zwei oder drei Bücher habe ich nicht geschrieben, weil mein Glücksgefühl mich daran gehindert hat.

Meine Nerven haben mich nicht im Stich gelassen, juhu!

5:1 hatte ich geführt und 40:15 im letzten Spiel des ersten Satzes und doch nicht, wie sonst üblich, den Satz verloren. 12:10 ist es ausgegangen für mich.

Happy Nervday for me!

Steht es schlecht für ihn, sagt D. H. meistens: »Sssso!«

Von diesem Moment an mache ich Fehler.

Als es 5:5 stand und er wieder »Sssso!« sagte, kam ich auf den rettenden Einfall und sagte auch: »Sssso!«

Von dem Moment an wurde er unruhig.

Er begann nicht sofort zu verlieren, aber er hörte auf zu gewinnen. Das klingt ein wenig albern, aber Kennern dieses Spiels leuchtet es sicherlich ein.

Übrigens muß ich dazwischenschicken: Bei den Initialen D. H. handelt es sich nicht etwa um mein auf der anderen Seite des Netzes agierendes Alter ego, sondern um Dieter Hanitzsch, der sich unter Karikaturisten dadurch einen Namen gemacht hat, daß er immer vorher gewußt hat, warum er einem Prominenten die Nase langzog. Für seine Anhänger ist meine Bemerkung gewiß überflüssig, daß er unter die Figuren nie schreiben mußte, wen er meint, denn die erkennt man auf Anhieb, weil Hanitzsch eben zeichnen und malen kann und oberhalb seines Zeichenstifts einen Kopf sitzen hat, dem auch einfällt, was seine gezeichneten Figuren zu sagen haben sollten, kurz, wir haben es mit einem Autorenkarikaturisten zu tun. Wenn D. H. seinen Witz anspitzt, um einen nichtsahnenden Kopf auf seine furchtbaren Möglichkeiten zeichnend zu erweitern, müßte, sofern es sich um machtausübende Figuren handelt, der Staatsanwalt bereits auf das Eingreifen vorbereitet sein. Daß er noch immer keinen Prozeß gewinnen mußte, liegt an den Gezeichneten, die nach kurzem Erschrecken zu der Erkenntnis und Einsicht kommen: »Es hätte schlimmer kommen können.«

Es ist ohnehin eine falsche, aber immer wiederholte Behauptung, daß Lächerlichkeit tötet.

Wäre dem so, müßte sich die Sterblichkeitsquote verdreifachen. Hinzu kommt, daß Karikaturisten in der Lage sind, Mitleid zu empfinden. Bei Hanitzsch habe ich manchmal das Gefühl, seinen Stift vor Mitgefühl zittern zu sehen.

Sehe ich mich, gezeichnet von Hanitzsch, Tennis spielen, sage ich mir erstens, daß es eben schlimmer sein könnte, erkenne aber zweitens in D. H. auch das christlich-böhmische Herzensbildungsfundament, das auch aus seinem allzeit zu Heiterkeit bereiten Mundwerk sprudelt. Er zeichnet so, wie er ist. Seine Toleranz ist nervenzehrend, sein Spott ist überlegt und nach kurzem gezielten Nachdenken gerecht.

Also muß man Hanitzsch fragen, bevor man gegen was ist.

Aber wehe, man hat sein Mitgefühl überreizt.

Als einer unserer Freunde – er ist es geblieben – nach einer knappen Dreisatzniederlage gegen Hanitzsch trotzig darauf beharrte, er könne doch eigentlich besser Tennis spielen und die leidenschaftlich bewegte und verzweifelte Mitteilung machte: »Ich kann nicht verlieren!«, sagte D. H. trocken: »Du mußt halt öfter kommen.«

Daß ich dennoch hie und da gegen dieses Monster auf der anderen Seite des Netzes gewinne, liegt an der merkwürdigen Art und Weise, wie wir unsere Punkte zählen.

Unsere Netz-zu-Netz-Dialoge sind in keiner Weise stellvertretend für den Freizeitsport Tennis.

Vorübergehende Zuschauer haben sich meistens sehr schnell und kopfschüttelnd entfernt.

So ungefähr könnte es sich anhören:

(Um uns auseinanderhalten zu können, nenne ich ihn *Dehan* und mich *Dehil.*)

Dehil: (nach eigenem Aufschlag) »Aus!«

Dehan: »Wieso? Er war im Feld.«

Dehil: »Eindeutig aus.«

Dehan: »Mach zwei neue.«

Dehil: »Warum? Der Ball war eindeutig aus. Ich mache jetzt meinen zweiten Aufschlag.«

(Der zweite Aufschlag landet im Aus.)

Dehan: »Mach zwei neue. Ich habe dich irritiert.«

Dehil: »Du hast mich überhaupt nicht irritiert. Es steht 0:15.«

(Hanitzsch bleibt stur auf der rechten Position.)

Dehan: »Mach zwei Bälle.«

(Ich mache meinen inzwischen zweiten ersten Aufschlag.)

Dehil: »War der drin?«

Dehan: »Nein.«

Dehil: »Also aus?«

Dehan: »Nein.«

Dehil: »Also was denn?«

Dehan: »Drauf.«

Dehil: »Wo drauf?«

Dehan: »Auf der Linie.«

Dehil: »Glaub' ich nicht.«

Dehan: »Stehst du hier auf dieser Seite oder ich?«

Dehil: »Ich habe den Ball deutlich im Aus gesehen.«

Dehan: »Wie schön, daß du kein Richter geworden bist.«

Dehil: »Du hast, was dein Spiel anbetrifft, eine sehr einseitige Betrachtungsweise.«

Dehan: »Audiatur et altera pars. Zu deutsch: Es geht dich einen Dreck an, wo ich deine Bälle aufspringen sehe.«

Dehil: »So kann man kein Spiel verlieren.«

Meinen nächsten Aufschlag verschlägt er, und irgendwann ist das Spiel für mich gewonnen. Er strahlt mich an und sagt: »Wenn wir nicht so viele Streitigkeiten hätten, könnten wir die zwei Stunden konditionell gar nicht durchstehen.«

»Wer Sport treibt, treibt den Humor vor sich her«

(Aquavit)

Aquavit, der schon sehr früh in Vergessenheit geratene altrömische Poet, hat nur diesen Satz hinterlassen, aber mit welcher Präzision hat er den Nagel in das Holz getrieben, aus dem unsere heutigen Spitzensportler geschnitzt sind.

Mit Spitzensportlern ist es schwer, Scherze über ihren Sport zu machen. Das liegt an der fehlenden Distanz zu dem, was sie tun, und das ist verständlich. Sie können schließlich nicht laufen, springen, schießen oder schlagen, wenn sie gleichzeitig darüber nachdenken sollen, wie komisch das eigentlich ist, was sie da mit- oder gegeneinander tun.

Der Rodel-Hackl in dieser unangenehmen Rückenlage, in der er sich den Regeln gemäß befindet, müßte sich eigentlich sagen, wenn er in einer wahnwitzigen Geschwindigkeit den Eiskanal hinunterrodelt: »Bua, setz dich gscheit hin, das ist gefährlich!«

Früher haben sie sich auch richtig hingesetzt, haben gesehen, wo sie hinfahren, aber dann kamen die Supergescheiten und fanden heraus, daß durch das Hinlegen der Luftwiderstand gewaltig abnimmt und der, der aufrecht fährt, eine halbe Stunde später unten ankommt.

Für diese Wahnsinnigen werden extra Eiskanäle gebaut! Fernsehsender übertragen die Rennen bis zu fünf Stunden lang. Überraschungen entstehen insofern, als immer einer nach dem anderen hinunterrodelt. Ich kann verstehen, daß das die Menschen an den Schirmen beruhigt. Wahrscheinlich aber sitzen sie davor, weil sie auf einen richtigen kapitalen Sturz warten, der dann im Verlauf des Tages elfmal wiederholt wird auf allen TV-Kanälen.

Ich möchte jetzt nicht diesen sofort fälligen Protest von mir geben, den Linke immer parat haben: »Wenn man bedenkt, was diese Eiskanäle kosten, und der Bundeswehr soll es abgezwackt werden?«

Moment, da stutze ich, das war wohl umgekehrt.

Egal, richtig ist, daß Sportler inzwischen unser Leben im Griff haben. Das Fernsehen ohnehin.

Als ein deutscher Skispringer plötzlich wie ein Ikarus aus der Asche oder so ähnlich auf das Siegespodest hüpfte, zersprang er anschließend das gesamte Fernsehprogramm und zwar tagelang.

Wenn das eigene Tun solche Folgen hat, wie soll man dann das Ganze komisch finden?

Wenn Boris Becker nachmittags ein Achtelfinalspiel bei den French Open zu spielen hatte, waren Bundestag, Banken, Polizei, Finanzämter, Versicherungen und sämtliche freien Berufe lahmgelegt.

Man hätte den Eindruck haben können, daß in diesem Lande ziemlich wenig regiert wird. Woran könnte das liegen? Es gibt viele Grandslamturniere, Weltmeisterschaften aller Art, Europameisterschaften, Olympische Spiele und Bundesligaspiele, Eishockey und diese Eiskunstlauflandes-, -europa- und -weltmeisterschaften, die nur alle vier Jahre stattfinden, soll es bald alle zwei Jahre geben, weil die Fernsehmogule herausgefunden haben, daß hier die Einschaltquoten steigen, daß da das Geld für sie herumliegt, und daß sie inzwischen ohnehin machen können, was sie wollen. Wenn sie das gern hätten, spielen, springen und prügeln die grauen Mäuse nachts um zwei Uhr. Ein Spieler, der eine Runde weiter kommt, aber eine schwache Quote hat, spielt die nächste Runde morgens um sechs.

Das heißt, wer ein Spitzensportler werden will, muß um sein Leben rennen, durch die Trainingswälder keuchen, trainieren, wenn er nicht schläft, und schlafen, wenn er nicht trainiert. Sollte ein Doping nötig sein, bezieht er es direkt durch die Vereinigten Sportkanäle.

Die Sportlerinnen und Sportler, denen man das Doping nahegebracht hatte, verstehen die Notwendigkeit dieser Entwicklung, sie betonen es in Interviews, sie verstehen, daß der Anschluß an die Weltspitzenklasse, natürlich muß man berücksichtigen, daß einerseits, aber andererseits spielt das Geld, ich meine, wer soll das denn bezahlen?

Versteht man ja.
Ohne Fleiß kein Preis,
ohne Pokal kein Lokal,
später wenn die Knochen kaputt sind.
Versteht man ja.
Also gib mir schon das Zeug,
wird schon keiner merken.

Sie verstehen auch die Trainer, wenn sie lügen, daß die Balken, bevor sie sich biegen, rot werden.

Sie verstehen alles, nur eins nicht: wenn jemand über sie lacht.

Ein mißlungener Rekordversuch ist auch nicht komisch. Eine verpatzte Fußballweltmeisterschaft, weil der Trainer den Bundeskanzler um Rat gefragt hatte – nur jeder 3651. Bürger im Lande findet das komisch. Sport ist überhaupt nicht komisch.

Ein deutsches Skimädchen, das um ein paar Hundertstelsekunden die Medaille verpaßt hat, ist um das Erlebnis gekommen, in ihrem Heimatort von zehn Blaskapellen, den Gebirgsschützen, allen drei Bürgermeistern und zehntausend jubelnden Bürgern empfangen zu werden.

Das verstehe ich, zumal mir bei großen Siegen sofort die Augen naß werden.

Und wenn dann noch die Fahne hochgezogen wird und die Hymne wie ein Blitz in das Gemüt schlägt, werden sogar auch meine Knie weich. Nein, komisch ist das nicht.

Da ist wieder einer aus meinem Viertel Erster in irgendwas geworden. Es freut mich, und ich freue mich besonders darüber, daß es kein Holländer oder Franzose war.

Sport hält auseinander.

Wehmütig denke ich noch an die Freude, die ich bei Olympischen Spielen empfand, ach was, die in mir *hochschoß*, wenn bei einem der Wettbewerbe einmal *nicht* die DDR-Fahne ... jaja, ist schon wieder lange her. Und dann noch diese Hymne, schrecklich und unaufhörlich. Wenn dann *einmal* zwischendurch die russische kam, war man schon dankbar.

Übrigens, der geschichtliche Vorwurf besteht nicht darin, daß die DDR ihre Sportler, sagen wir mal, medizinisch betreut hat, um eine punktuelle Fitneß zu erreichen, während wir sie nur geistig betreuten, der Unterschied zwischen injizieren und initiieren ist hier zu beachten. Wir werfen den anderen nicht vor, gedopt zu haben, sondern wir sind nur böse, daß wir es *nicht* getan haben.

Aber es waren, alles in allem, Jahre, in denen man sich aufregen konnte. Nicht die Milliarde von Strauß beziehungsweise der Landesbank hat die DDR damals noch eine Weile von uns weggehalten, nein, der Sport hat den Klassenkampf wachgehalten und den tiefen Abgrund zwischen uns noch tiefer gegraben.

Sport hält Feindschaften frisch.

Je zusammener dieses Europa angeblich halten will, um so auseinanderer müssen die Sportler. Wenn es einem osterweiterten Rumänien egal ist, daß seine Mannschaft gegen die Dänen verliert, dann geht's hinein in den Quotengraben.

Mit welchem Temperament zum Beispiel kreischende und trampelnde, pfeifende und spuckende Amerikaner im Davis-Pokal-Kampf in den USA die deutsche Mannschaft niederschrien – das hatte Klasse im Ausmaß des Hasses.

Im Sport haben wir noch das, was man uns von allen Seiten genommen hat: Feindbilder.

Im Tennis-Zirkus wird es immer wieder vorgeführt.

Charmante Damen betreten sanft lächelnd den Court (sagt man jetzt). Sie wickeln sich aus, packen ihre Waffen aus und verwandeln sich schon auf der Bank in giftige Keulen. Früher hat man die Gegnerinnen und Gegner noch nebeneinander auf eine Bank gesetzt, und sie haben ein paar Sätze ausgetauscht.

Als man merkte, man könnte damit riskieren, daß die Damen oder Herren sich bereits vor ihrem Kampf verletzen, setzte man sie auf zwei weit auseinanderstehende Bänke.

Sofort nach Betreten des Platzes senden sie ihre Botschaften aus:

»Schau mich an, du kleine Wurst, du jugoslawische. Hier steht die berühmteste Vorhand der Welt. Schau hin, so schlägt man sie.«

Auf der anderen Seite des Netzes schaut die Feindin dem Ball amüsiert nach, denn er ist im Aus gelandet.

»Wenn du willst, du Trampel, du deutscher, darfst du das öfter machen.«

Wen Körpersprache interessiert, der kann hier in einem einzigen Spiel Material für eine Diplomarbeit sammeln.

Ein paar Beispiele:

Das Abdrehen nach einem gelungenen Volley am Netz und das majestätische Zurückschreiten an die Grundlinie, was einem Einschüchterungsversuch gleichkommt.

Die Versuche, den Gegner, wenn er einen erfolgreichen Spielrhythmus gefunden hat, aus dem Lauf zu bringen – Fliegen verjagen – Schuhe nachbinden – den Schiedsrichter bitten, für Ruhe zu sorgen, obwohl nichts zu hören ist.

Sehr beliebt ist, plötzlich zu hinken und den Physiotherapeuten holen zu lassen.

Am wirksamsten ist, mit dem Schiedsrichter zu streiten, zu seinem Stuhl zu gehen, ihn anzuschnauzen: »Wenn Sie schon nicht sehen können, haben Sie vielleicht *gehört*, wie der Ball selber ›Aus!‹ geschrien hat?«

So ein Streit zieht sich hin, kostet alle Beteiligten Nerven und meistens den Mauler den Sieg.

Als Zuschauer kennt man irgendwann mal alle Tricks und langweilt sich.

Das wiederum ist den Spielern egal. Sie werden nicht von den Zuschauern bezahlt.

Inzwischen gibt es schon Weltranglistenspieler, die offen zugeben, daß ihnen das Tennis auch egal ist. Sie haben es gelernt, sagen sie, und verdienen jetzt ihr Geld damit und das nicht schlecht, und sie lächeln ein wenig dabei. Cool.

Sport macht gesund, ist er aber nicht.

Und ein bißchen blöd macht er offenbar auch. Ohne dem coolen Herrn, der zur Zeit die Profi-Turniere beherrscht, auf die Füße treten zu wollen. Denn die braucht er ja noch, um den Sportsfreunden in ihre Hintern zu treten. Über die, diese

Ärsche, sagt er cool, er könne keinen von ihnen leiden. Es seien alles Idioten.

Aber das überrascht alles nicht. Gladiatoren haben sich in Rom auch mit Vergnügen gegenseitig umgebracht, wofür dem Sieger danach vom Kaiser ein Goldstück zugeworfen wurde. Und das hat er dann mit den Zähnen aufgefangen.

Ganz cool.

Als die Katzen noch Mäuse fingen

Als ich noch neu war am Laubenschlag, flirteten die Frauen noch versteckt mit jüngeren Männern, und die Männer in gesetzterem Alter trugen noch Bäuche.

Heute hocken auf den Tennisplätzen lauter verjoggte, schlecht aussehende Spätathleten, die die versäumte Sportkarriere nachholen wollen, weil sie alle ein drittes Mal geheiratet haben, eine junge Frau im Nacken haben, die ziemlich offen über den Platz ruft, daß ihr Alter so sexy ist wie ein Getränkeautomat ... Sie verschwindet, während er spielt, mal kurz für zwei Stunden mit einem Trainer und kommt vergnügt wieder. Mit ihrem Schläger und leicht gerötet.

Die späten Dauerläufer, die zu Hause nur Grünes auf den Teller bekommen, gehen voll auf in der neuen Männlichkeit, erzählen sich unglaubliche Geschichten, wo sie mal Torschützenkönig waren in der A-Jugendmannschaft von Wolframsreuth, daß sie mehrere Tanzturniere gewonnen haben und in Zischenbach an der Elfter ein Radrennen als Fünfter siegreich beendet haben. Fast jeder war mal irgendwo zweiter pfälzischer Pingpongjugendmeister, stand kurz vor der Einreihung in die zweite Westerwald 4 x100 m-Staffel oder wäre als Schütze fast in die Niederbayern-Ost-Auswahl gekommen.

Die Frauen wissen, daß sie nur warten müssen, um diese Fitforfunjohnnys loszuwerden. Die leben einfach lebensgefährlich. In diesem Alter nähert man sich vorsichtig der

Ruhe, pflegt sein Bäuchlein, liest Pornohefte und genießt die Fernsehabendunterhaltung. Lacht zwei, drei Mal, aber nicht zu heftig, und geht dann ins Bett. Mit den Pornoheften.

Die Leute, die heute auf unseren Plätzen spielen, kenne ich gar nicht mehr. Sie sagen knapp Guten Morgen oder Abend, setzen sich dann auf ihr Fahrrad und umrunden irgendwas, die Stadt oder den nahegelegenen Forst.

Man kennt sich nicht und weiß nichts voneinander.

Damals, als die Katzen noch Mäuse fingen, wußten wir am Laubenschlag alles von jedem.

Die Sickergrube der Gerüchte war unser »Casino«. Es befand sich im Inneren einer Bretterhütte, eben einer ehemaligen Schreber-Laube. Drinnen sieben Tische und daneben so was wie eine Theke, die recht und schlecht vom Wirt eigenhändig zusammengezimmert worden war.

Der hieß Grützner, wurde Grütze genannt, und war erstens ungelernt und zweitens gewöhnlich so betrunken, daß er Suppen, Biere oder andere Lebensmittel auch mal über Hosen und Hemden goß.

Vor dieser kargen Hütte war die schon erwähnte, schöne, begrünte Terrasse, auf der wir uns die meiste Zeit über aufhielten. Grütze saß gern in der Nähe von Gesprächsgruppen, stellte sich schlafend und hörte alles mit.

Mit der Zeit wußte das jeder, erfand Geschichten aus dem Clubleben und wurde dabei immer leiser. Grütze rückte, immer Schlaf vorschützend, nach und fiel, weil er oft betrunken war, bei diesen Gelegenheiten hie und da vom Stuhl.

Grütze war hörbar aus Berlin. Immer wenn man ihn hänselte, stand er auf und schwankte mit der Drohung: »Ick jeh wieder ssurück!« hinter seine Theke. Dort schlief er ein, und man holte sich seine Sachen selbst.

Mostmaier hieb einmal mit seiner Prothese so gewaltig an

seine Theke, daß Grütze erschrocken aus dem Schlaf fuhr und schrie: »Mann! Da faß' ick mir aber an Kopp!«

Mostmaier fragte ruhig zurück: »Wo faßt du dir hin?«

Grütze: »An Kopp!«

Mostmaier: »Wo ist denn der bei dir?«

Grütze: »Da, wo ick Koppschmerzen habe, Mann.«

Mostmaier: »Des san Phantomschmerzen, Grütze.«

Grütze haßte Mostmaier, weil der ihm als Trinker weit überlegen war und weil er ahnte, daß Mostmaier das, was er, Grütze, als Clubgerücht verbreitete, genauer wußte. In der Tat. Nach und nach erfuhr ich, weil ich mit der Zeit sein einzig verbliebener Ansprechpartner wurde, was auch zum größten Teil der Tatsache zu verdanken war, daß er meine Frau Irene sehr gern mochte, die Geheimnisse von den wichtigsten Clubmitgliedern.

Eines Abends erschienen Herr Rosenbauer und sein Sohn Ulli, sahen den Dr. Kuhnert mit seinem Sohn Sven auf sich zukommen, drehten sich abrupt um und schauten beide hinunter auf die Plätze, während Dr. Kuhnert, ohne zur Seite zu schauen, ohne Guten Abend zu sagen, auf Platz 4 ging, wo er begann, lautstark seinen Sohn zu trainieren. Rosenbauer und Sohn wählten den am weitesten entfernten Platz, und beide wendeten ihre Köpfe nicht ein einziges Mal mehr in die Richtung der Kuhnerts.

Mostmaier: »Ist Ihnen was aufgfallen?«

Mir war nichts aufgefallen. Die beiden Herren mit ihren Jungens schienen sich nicht zu kennen. Oder war da was?

Mostmaier: »Die spielen ein blödes Spiel.«

Dabei grinste er, wie ich meinte, niederträchtig.

Natürlich wußte ich da noch nicht, daß es sich bei den zwei Herren um die beiden führenden Spieler auf diesem Platz handelte.

Mostmaier: »Das war'n amal die besten Freund.«

Aha. So war das.

Mostmaier: »Sogar die Buben dürfen sich nimmer grüßen.« Er lachte. »Zwei gebildete Menschen, man möcht's nicht glauben. Und jetzt gehn S' amal rüber zu dem Platz, wo Dr. Kuhnert seinen Sven zum Nachfolger im Club machen möcht. Zur Nummer 1. Gehn S' rüber, da können S' was lernen.«

Ich ging hinüber, setzte mich auf die Böschung oberhalb des Platzes und bekam nach kurzer Zeit Mitleid mit dem armen Jungen, der dem Können dieses besessenen Vaters nie gewachsen sein würde.

Seine Haltung drückte Verängstigung aus. Er lief fahrig, verpaßte den Moment des Schlägerausholens, so daß er nie fertig zum Schlag war, wenn der Ball kam. Sein Vater wurde immer ungeduldiger, begann zu brüllen, was den Jungen noch mehr verängstigte.

Dann brach der große Tennisvater das Bälleschlagen ab, winkte Sven mit dem Finger ans Netz und sagte ihm dort folgendes:

»Paß auf, du mußt seitlich stehen, seitlich zum Ball, verstehst du? Und nimm deine Füße zusammen. So! Nicht so. Der rechte schräg rechts seitlich, der linke zeigt nach vorn. Der Schläger etwas nach hinten zur Schlagvorbereitung. Der Schläger zeigt nicht nach unten, sonst geht der Ball ins Netz, sondern schräg nach oben und seitlich stehen – ins Knie gehen und den Schläger durchschwingen – den Ball anschauen – mit der Hüfte herumgehen – richtigen Abstand zum Ball halten – locker bleiben, aber Spannung halten – Schläger festhalten – den aufspringenden Ball auf dem Höhepunkt schlagen – dem Ball entgegengehn – in der Mitte treffen – auf dem Höhepunkt ins Knie – Knie anschaun, dem Schläger entgegengehn – Hüfte festhalten – Abstand ausschwingen und auf dem Höhepunkt zuschlagen und dann entgegengehn – anschaun – rumschwingen – kommen lassen – Mitte treffen – mit dem Fuß in die Knie gehn … mein Gott, das kann doch nicht so schwer sein!«

Ich habe das gleich am nächsten Tag versucht.

Sommerfest im Laubenschlag

Es fand in jenem Sommer statt, in dem mir mein erster langer Linienball gelungen war, den man fachmännisch Longline nennt. Er wird die Außenlinie lang geschlagen und endet, wenn er möchte, in der Ecke des Spielfeldes, wo er einen Punkt verursacht, falls der Gegner dort nicht zufällig steht. Mostmaier steht dort meistens.

Meine Frau Irene tat das nicht. Sie schaute dem Ball entrüstet hinterher und meinte bissig: »Das bin ich sonst von dir nicht gewöhnt!«

Ich dachte natürlich sofort: Jetzt ist der Knopf aufgegangen, wobei mir nicht immer klar ist, welcher Knopf das sein soll und woran er befestigt ist, und außerdem ist das keine zeitgemäße Vorstellung in einer Zeit, die den Menschen eines Tages mit einem Reißverschluß von Kopf bis Schritt auf die Welt kommen lassen wird, damit schneller repariert, ersetzt oder ausgetauscht, vor allem entnommen werden kann. Ein Mensch, der zugeknöpft bleiben möchte, gut, dem kann so einer aufgehen. Für mich war das jedoch immer schon ein untaugliches Bild.

Aber vielleicht war mir der »Knoten geplatzt«?

Das setzt voraus, daß man irgendwo einen Knoten hat, was medizinisch gesehen auch kein besonders angenehmes Bild ergibt. Schön und gut, man hat ihn, aber wenn er dann noch platzt?

Und dann dachte ich mir, welcher Aufwand für einen

Longline. Mostmaier sagte hämisch, indem er hemmungslos Partei für Irene nahm: »Weißt, wie des passiert ist? Du hast aus Versehen richtig gstanden.«

Und lachte dabei sein bayerisches Derbleckerlachen, das so über die Plätze scheppert.

Und ich sagte verbittert: »Wird nicht mehr vorkommen.«

Kam auch nicht mehr, jedenfalls nicht in diesem Spiel.

In diesem denkwürdigen Sommer, in meinem Longline-Sommer, fand also das Sommerfest statt.

Superwirt Grütze hatte die Terrasse mit mindestens vier Lampions geschmückt, die Tische sogar gedeckt, Girlanden angebracht, eine Zweimannkapelle engagiert, alles vom Allerbesten. Drinnen wartete ein Rieseneimer Gemischtfruchtbowle, jedenfalls schmeckte sie so.

Die Damen hatten sich überkleidert, das Wort »overdressed« war damals noch in Amerika. Sie schleppten lange Kleider heran mit vielen Möglichkeiten für die Haut, die Sommernacht direkt zu atmen.

Es regnete in Strömen.

Das ist das Schicksal der meisten Sommerfeste.

Dr. Klein und Dr. Mettke, die beiden vereinigten Rechtsanwälte, nebst ihren Damen Sieglinde und Irmgard, das nie auseinanderzukriegende Doppel, besetzten in der gleichen Formation, in der sie spielten, einen Tisch.

Kuhnert mit Sohn, der Kleine durfte ausnahmsweise bis 22 Uhr an so einer Festlichkeit schnuppern, nahm in der Ecke Platz. Rosenbauers hatten sich entschuldigt. Die Gefahr einer Begegnung schien wohl zu groß.

Trainer Nitschke hatte sich mit seinen zwei Platzhelfern zusammen an einen Tisch gesetzt, an dem die beste Stimmung herrschte, denn Nitschke hatte ein Glas Bowle getrunken. Er trank sehr selten Alkohol.

Wir saßen zusammen mit Mostmaier, der natürlich schon angewärmt war. An den übrigen Tischen die bekannten Männer- und Frauendoppel. Die Art der Kommunikation, die bei solchen Festen üblich ist.

Aus Erfahrung weiß ich, daß zwei Fußballmannschaften, die 90 Minuten lang gegeneinander gespielt haben und anschließend zu einem Sammawiederguat-Bier verabredet sind, grundsätzlich streng getrennt an zwei verschiedenen langen Tischen sitzen. Bei unserem Sommerregenfest sollte das, auf eine unvorhersehbare Weise, anders kommen.

Wir hoben die Gläser von Tisch zu Tisch. Grütze, der Wirt war erst halbvoll, bediente noch. Allerdings schon etwas aggressiv. Er begann Witze zu erzählen, die keiner hören wollte. Meistens begannen sie mit Ärzten oder in Nonnenklöstern, und die Pointe endete immer im Gully. Bis Mostmaier aufstand, zur Theke ging und drohend die Prothese hob. Grütze verstummte augenblicklich.

Später kam noch Frau Kuhnert, seine zweite. Von der ersten hatte er sich in den harten Jahren des erzwungenen Gehorsams, so soll er es formuliert haben, trennen müssen. Grütze sagte Frau Doktor Kuhnert zu ihr. Sie ließ ihn gewähren.

Man sah sie sehr selten am Laubenschlag. Erstens betrieb sie als Sport Bridge und fand Tennis langweilig, und zweitens fand sie die Gesellschaft in diesem grauenhaften Ambiente nicht passend für ihren Mann, und schließlich fand sie sich nicht zurecht mit dem spröden Beifall, den man ihr bei ihren seltenen Besuchen zollte.

Als an allen Tischen die Köpfe zusammengesteckt wurden, um die neuesten Gerüchte über die Kuhnerts auszutauschen, begann die Kapelle den schon befürchteten Lärm zu machen. Von da an verstand keiner mehr etwas, was immer gut für den Wirt ist, denn die einzige Beschäftigung, die einem dann bleibt, ist trinken.

Grütze schleppte den zweiten Bowleneimer hinter die Theke. Kuhnerts Sohn hatte, grün im Gesicht, schon ein Taxi nach Hause verordnet bekommen. Kuhnert stritt mit seiner Frau, die vermutlich lieber gleich wieder mit nach Hause gefahren wäre.

In diesem Moment fiel Grütze mit einem vollen Tablett mitten in den Raum, wo gerade ein Paar angefangen hatte zu tanzen. Wie es seine Gewohnheit war, stand Grütze nicht wieder auf, sondern schlief bereits.

Und als ob er sein Stichwort gehört hätte, wurde in dem Moment der klappernde Hawaiivorhang aufgerissen, und strahlend stand der frisch entlassene Klaus Siebdruck in der Tür und schrie in die durch den Sturz von Grütze entstandene Stille hinein: »Habt ihr noch ein Glas für einen alten Freund?«

Bevor Mostmaier »Komm rein« rufen konnte, kam aus dem Hintergrund die Stimme von Kuhnert: »Hier ist kein Platz für Vorbestrafte!«

Alle schauten peinlich berührt auf die Tischplatten. Bis auf Mostmaier, der sich wütend umdrehte, aufstand, zu dem Tisch von Kuhnert ging und … in diesem Moment schlug Grütze die Augen auf, sah, wie Mostmaier die Prothese hob, und schrie entsetzt: »Mostmaier!«

Mostmaier zog das Bein zurück und zischte dem Kuhnert ins Gesicht: »Du hältst dein Maul, du Nazi!«

Wieder entstand eine Pause, in die hinein die zitternde Stimme der Frau Klein meinte:

»Ist ja unerhört.«

Mostmaier schaute wütend im Kreis herum und sagte, fast flüsternd: »I weiß, wovon i red.«

Dann verließ er mit Klaus Siebdruck den Raum.

Als kurz danach auch alle anderen das »Casino« verlassen hatten, schaute Grütze, schwer schwankend, über die leeren Tische und seufzte: »Hätte so'n schöner Abend werden können.«

Eine schreckliche Familie

Clubs sind wie Großfamilien. Und es ist eine Erfindung von Fernsehserien, daß letztere funktionieren.

Die in diesen Sabbelsumpfkunstwerken immer wieder so schön gespielte Oma, die immer so behutsam betreut wird, ist in Wirklichkeit immer in Lebensgefahr. Nicht etwa, daß sie in Gefahr ist, direkt vergiftet zu werden, aber die um sie herumschleichenden Nachkommen, besonders wenn sie den Opa schon losgeworden sind, haben immer diesen schrägen Blick. »Na, ein bißchen wacklig ist sie schon, nicht?«

Man hofft ja schon, daß sie beim Einkaufen mal verlorengeht oder überhaupt vergißt, wer sie ist. Oma selbst empfindet diese immer wieder zitierte »Wärme« der Großfamilie auch nicht. Im Gegenteil. Sehr oft kann sie die Enkel überhaupt nicht leiden. Falsch erzogen wie sie sind. Hat sie der Tochter doch fast täglich eindringlich gesagt. Das fördert natürlich das warme Gefühl zwischen Oma und Mutter. Die Kinder haben es auch schon lange dick, wenn Oma immer wieder dieses »Ach, die heutige Jugend, jaja« seufzt.

Zwangsläufig kommt die Frage: »Mama, ist Oma gaga?«

Dann gibt es eine Ohrfeige, und die verstärkt die Liebe zur Oma. Mama hat Papa auch nicht direkt lieb, die Stimmung ist manchmal so, daß die Suppe im Teller gefriert.

Früher, da hatte man Kühe, Ziegen, Schweine, einen Hund, zwei Katzen und einen Mähdrescher, und alle waren die meiste Zeit auf dem Feld. Abends waren sie zu müde zum Streiten.

Nur, die Kriminalstatistik beweist es, im Winter haben sie sich manchmal gegenseitig umgebracht.

Das alles ist natürlich mit dem Leben in einem Tennisclub nur schwer zu vergleichen. Insofern aber vielleicht doch, als die Trostlosigkeit darin besteht, daß es zu Hause genauso ist.

Vielleicht sogar schlimmer, denn im Club kann man auf die Plätze entweichen, und das Netz in der Mitte trennt ganz schön.

Für Netze und Mauern sind die Wohnungen zu klein.

Aus Filmen weiß ich, daß Frauen am liebsten einen Geliebten im Hotel haben. Besonders jene Frauen, deren Männer ununterbrochen Tennis oder Golf spielen.

Golfclubcasinos, wurde mir gesagt, bedeuten eine zehnfache Verschärfung des bereits Gesagten.

Da scheint sich allerdings ein Einbruch von jüngeren Golfern ereignet zu haben, was die Situation verbessert. Die Frage ist nur, ob die Alten die Jungen schon in die Casinos reinlassen. Mir ist eine ältere Golf-Darstellung in einem Text von Martin Morlock in Erinnerung. Eine wunderbar geputzte Jet-Set-Zicke schaut herablassend herunter und flötet:

»Einfache Leute laufen sich einen Wolf
oder spielen Fußball oder transpirieren am Reck.
Bessere Leute spielen Tennis oder kriegen den Speck
durch Diätkuren weg –
aber die Crème de la crème, la classe suprême,
spielt Golf.«

Inzwischen wissen wir ja durch das Fernsehen, das uns stundenlang mit dieser Sportart beglückt, wie man mit einem Siebener- oder Fünfereisen aus dem Rough kommt, und daß ein »One in hole« nur beim Teufel bezahlt werden kann, da der liebe Gott solche Ungerechtigkeiten gar nicht zuläßt. Und welches Handicap Franz Beckenbauer hat. Und daß ein

»Eagle« nichts zu tun hat mit einem Igel. In meinen Träumen sehe ich mich in der Abendstunde einem Golfer gegenüber und versonnen sagen: »Wenn die Igel in der Abendstunde …« und höre ihn mich unterbrechen: »Kommt darauf an, wie das Licht ist.«

Wird leider nicht passieren.

Der bekannte Sportflieger Horst Pillau, nebenbei auch ein höchst erfolgreicher Autor, hat einmal, zornig und erbittert darüber, daß man ihm seinen Flugplatz verlegen wollte, gesagt, man wisse gar nicht, daß man es bei Fliegern mit besonders wertvollen Menschen zu tun habe.

So ähnlich verhält es sich womöglich auch bei Golfspielern.

Und so laufe ich meinen Vorurteilen hinterher, denn auf der Westerwaldplatte habe ich bei einem Turnier vier bis fünf absolut billige Autos stehen sehen.

Bricht das Proletariat da auch schon ein?

So fing das nämlich auch in unserem Club an.

Bis dahin hatten wir das Gefühl, wir Tennisspieler pflegten doch schon die bessere Sportart. Es gibt so dreckige Sportarten wie Fußball oder Sandbahnrennen. Tennis ist der weiße Sport. Ohne weiße Hemden und Hosen ließ uns Trainer Nitschke überhaupt nicht auf den Platz. Und wer öfter spielte und immer sauber kam, der mußte schon einer sein, der zu Hause eine Waschmaschine hatte.

Naja, wenigstens das.

Später kamen Menschen auf den Platz, die Stullen mitbrachten. Stullen! Und sie trugen graue Socken. Grauenhaft. Sie waren nett, aber sie sahen aus wie … heute würde man sagen Ballermann-Touristen.

Grütze hat sie nicht schlecht behandelt. Er hat sie überhaupt nicht behandelt.

Seit dem verregneten Sommerfest war unser Club in viele Teile zerbrochen. Am Tage nach diesem Vorfall, die Rechtsanwälte Klein und Mettke hatten spontan erwogen, wegen dieses Nazivorwurfs einen Prozeß gegen Mostmaier anzustrengen, was aber energisch von Kuhnert unterbunden wurde, hatte die Gerüchteküche Grützner erfolgreiche Tage. Er »kombinierte«, erfand Zusammenhänge und berichtete Tatsachen, für die er keinerlei Beweise hatte.

Plötzlich erschien die Todfeindschaft zwischen Kuhnert und Rosenbauer in einem neuen Licht.

Rosenbauer? Jüdischer Name, ist doch klar.

Grützner: »Sieht doch jeder. Hab' ick doch immer jewußt. Wenn der so um die Ecke kiekt. Also voll drin. Ick hab' nischt gegen Juden, wirklich nich, aber der sieht so aus.«

Mostmaier, leicht amüsiert: »Du bist ein Trottel. Was willst denn damit sagen?«

Und Grütze: »Na, is doch klar. Der Jude und der Nazi!«

Mostmaier: »Die beiden san befreundet seit '42. Seit a paar Johr sans erst Feinde. Meinst, da hat der Nazi erst gemerkt, daß der andere a Jud ist?«

Sprach's, setzte sich in die Ecke und wärmte seinen Kater mit einem Whisky-Cola auf. (Cola beruhige den Magen – Whisky die Seele, so meinte er.)

Auf dringende Fragen, was dahinter stecken könnte, grinste er. Wie grinste er? Klaus Mann hat es aasig genannt. Und sagte etwas sehr Gemeines, was die Kleins und die Mettkes, die an jedem Aschermittwoch anhänglich und treu nach Passau fuhren, früher noch nach Vilshofen natürlich, um die grandiose Donnerwetter-Rede von Franz Josef Strauß jubelnd in sich aufzunehmen, zu einem etwas verunsicherten, aber zustimmenden Nicken bewegte.

Er sagte: »Man soll die alten Wunden nicht aufreißen, die

von anderen gerissen wurden. Man muß einfach die Gräben zuschütten, wo diese vielen Pandorabüchsen drinliegen, und die müssen zugelötet werden. Basta.«

Mostmaier war ein Sauhund, weil er dazu ein begeistertes, ernstes Gesicht machte.

Dann fragte der Rechtsanwalt Klein den Mostmaier, während Frau Irmgard Mettke sich nicht ganz sicher war, ob die Sieglinde Klein nicht gerade einen tiefen Blick mit ihrem Mann Fritz getauscht hatte, der Klein also fragte den Mostmaier tollkühn:

»Wo haben Sie denn eigentlich Ihr Bein verloren, Herr Mostmaier?«

Mostmaier schaute Klein sinnend an und sagte: »Genaugenommen auf einem Berliner Tennisplatz.«

Klein wagte sich weiter vor. Die Gespräche an den anderen Tischen versickerten. Klein fragte weiter:

»Wie kamen Sie denn auf einen Berliner Tennisplatz?«

»Direkt von der Kaserne in den Grunewald.«

Sieglinde Klein setzte das Ratespiel fort und stellte die Was-bin-ich-Frage. Diese Art zu fragen hatten sich alle Fernseher angewöhnt, es sind die Fragen, bei denen man kein Nein riskiert: »Aha, Sie waren also Soldat?«

Mostmaier spielte mit und antwortete: »Kein Schweinderl. Ja.«

In die Denkpause der Mitspieler hinein rasselte ein Schnarcher. Niemand drehte sich um, alle wußten: Grütze.

Sieglinde Klein: »Gehe ich richtig in der Annahme, daß Sie auf dem Grunewaldplatz Tennis gespielt haben?«

Mostmaier: »Sehr gut. Ja.«

Sieglinde Klein war weiter dran. Sie wußte nicht weiter.

Fritz Mettke schaltete sich ein, legte seine Hand auf Sieglindes Arm, Irmgard schaute mißtrauisch, und fragte weiter:

»Und dort auf dem Tennisplatz waren bereits die Russen?«

Mostmaier. »Nein.«

Klein, der kluge Kopf, hatte die weiterführende Idee: »Hat man Ihnen das Bein im übertragenen Sinne dort abgenommen?«

Mostmaier: »Ja.«

Klein: »Haben Sie Feinde in dem Club gehabt?«

Mostmaier: »Ja.«

Klein: »War es ein Offizier?«

Mostmaier: »Ja.«

Klein: »Hat er Sie an die Front geschickt?«

Mostmaier: »Ja.«

Klein: »Haben Sie einen Fehler gemacht?«

Mostmaier: »Nein.«

Ratlosigkeit bei allen Mitspielern. Mostmaier brach das Spiel ab. Er erklärte ihnen in aller Ruhe, daß es in diesem Club einen hochprozentigen Parteigenossen gegeben habe, der beim fröhlichen Umtrunk diesen Trinkspruch ausgestoßen habe: »Ich melde der Geschichte diesen Club als ersten judenfreien Berliner Tennisclub!«

Und dann habe er, Mostmaier, als der Jubel abgeklungen war, sich ebenfalls erhoben und gesagt:

»Ich muß der Geschichte melden, daß wir noch Jahre brauchen werden, um diesen Club als idiotenfrei melden zu können.«

Nichts war dem Mostmaier peinlicher, denn als tapferer Widerständler zu gelten, und so fügte er trocken, ob es stimmt oder nicht, habe ich nie herausgefunden, fügte er trocken hinzu: »Ich war bei der SS.«

Und weil er schon mal dabei war beim Verjuxikokeln seiner Zuhörer – er hatte eine halbe Flasche VAT 69 (der Mode-Whisky der 60er) mühelos und ohne Lallansatz geschluckt –

erzählte er gutgelaunt weiter: »Als ich im Lazarett in Finsterbriezen oder Treuenwalde mit einem Bein aufwachte, habe ich sofort gefragt, wo mein anderes« – (mit Preußen sprach Mosty immer hochdeutsch, hatte ich vergessen zu erwähnen) – »habe ich aufgebracht gefragt, wo mein zweites ist, und sie haben mir gesagt, das hätte ich in Rußland gelassen. Schweinerei, habe ich gesagt und habe bei meiner Division Rückerstattungsantrag gestellt. Keine Antwort. Meine Division war inzwischen ›aufgerieben‹. Solche Ausdrücke habe ich immer schon sehr gern gehabt. Ich habe meine toten Kameraden angesehen, aufgerieben sah keiner aus, sie waren einfach tot. Ja, so war das.«

Inzwischen war Trainer Nitschke dazugekommen. Er hörte nur kurz hin, schüttelte den Kopf und verschwand wieder. Das war nicht sein Humor. Die anderen schauten sich ein wenig hilflos an. Mostmaier war in Fahrt. Ab dem zweiten Teil der Flasche bewertete ich seine Witze nach der Menge der Gläser.

Er befand sich jetzt bei den 5-Whisky-Witzen.

Danach begann er gewöhnlich böse zu werden.

»Euch Arschlöcher«, zischte er, »liebe ich ganz besonders, wenn ihr an der Theke steht und Schnaps sauft, und der eine zum anderen so nett zum zweiten Schnaps sagt: ›Auf einem Bein steht sich's schlecht.‹ Ihr Deppen, ihr hirnlosen!«

Das war schon ein 6er.

Nach zwei 7ern leerte sich die Casinospelunke. Grütze schlief. Wir beiden saßen allein. Ich hatte auch schon drei oder vier. Und da nahm ich mir ein Herz und fragte ihn:

»Mosty, entschuldige, ich muß es wissen. Der auf dem Tennisplatz in Berlin war Kuhnert?«

»Denk, was du willst. Laß mich in Ruhe.«

Nitschke und Nietzsche

Am nächsten Morgen hatte ich Trainerstunde bei Nitschke. Natürlich verschlief ich den Termin. Um den Kopf in den Wind zu schicken, fuhr ich mit dem Fahrrad. Ich kam zu spät. Nitschke verzieh fast alles, das nicht.

Er war auf dem Laubenschlag die absolute Autorität. Als ich ankam, saß er auf der Terrasse und tat so, als hätte er nicht bemerkt, daß ich gekommen war.

Er schaute links in den Himmel. Rechts schlich ich mich an. Aha, er verlangte den Verspätungskniefall. Er haßte es, auf diesem Platz ruhig zu sitzen. In der Zeit hätte er den Platz 4 abziehen oder die verschlagenen Bälle aus dem Gebüsch klauben können.

Also Kniefall. Ich kniete mich tatsächlich hin und bat ihn inständig um Vergebung.

Als wir hinuntergingen zu den Plätzen, ermahnte er mich. Er war übrigens nicht mehrsprachig, er war nur Breslauer und hatte diesen leichten Lispler vom Odertor. Ganz Berlin ist voll von solchen Lispelbreslauern.

Er ermahnte mich: »Wissen Se, Sie missen den Mostmaier seine Märchen ni gloobn. Der gonze Mostmaier is mir zu viel Most und zu wenig Maier. Holten Se sich weg von däm. Dos is ein Mohgootl, a bsuffnes.«

»Mohgootl« hat irgendwas mit Mohn zu tun, wahrscheinlich, man weiß es vielleicht, ich aber nicht, darum denke ich, daß es vielleicht Goten waren auf dem Durchmarsch, die zu viel Mohn genossen haben, der dumm macht, wie man sagt.

Aber es gibt sicherlich bessere Erklärungen.

Nitschke mochte Mosty nicht, weil er ihn einmal erwischt hat, als er ihn nachmachte. Das konnte er sehr gut, der Mosty.

Nitschke war ein sehr guter Trainer. Zunächst machte er einen warm, schickte einen von links nach rechts, erhöhte langsam das Tempo und knurrte gefährlich, wenn man seine Bälle ins Netz schlug.

Erst einmal sagte er kein Wort. Er schlug seine Bälle, der Mann war bereits 62 Jahre alt, locker, elegant, ohne sich erwähnenswert zu bewegen. Seine Rückhand war eine Demonstration der Leichtigkeit.

Die Rückhand war mein Problem. Das scheint vielen Verzweifelten so zu gehen.

Eine Zeitlang spielte ein unerträglicher Aufschneider auf dem Laubenschlag, dessen Namen wir alle zu Recht vergessen haben. Wenn er kam, erfuhren wir es vorher, denn er ließ die Motoren seines schicken Austin-Cabrios zweimal aufheulen, bevor er seinen Zündschlüssel abzog.

Er spielte nicht halb so gut, wie seine Selbstinszenierung war. Sein Aufschlag war kompliziert. Er wickelte sich mit seinem ganzen Körper um den Schläger, holte ungeheuer aus, und es kam ein kleines Kullerchen dabei heraus. So, wie er aufschlug, so sprach er auch: Laut, weit ausholend zu einer Pointe, und dann kam ein ganz kleines Kullerchen heraus. Lauter Abfall. Er schien sich reich gemacht zu haben, was damals vielen leicht gelang. Und eines Tages sagte er, er hätte seinen Aufschlag Roy Emerson abgeschaut (Wimbledon-Sieger von 1964/65). Niemand auf der Terrasse hat widersprochen.

Sein letzter bedeutender Satz, bevor er nie mehr wiederkam, lautete: »Freunde, meine Rückhand hat mich 21 000 Mark gekostet!«

Und Mostmaier konterte kurz: »Da müssen S' irgendwie bschissen worden sein.« (1-Whisky-Witz.)

Das war einer der seltenen Momente, in denen Nitschke über Mosty lachte.

Nitschke konnte nur herzlich lachen, wenn er seine Schüler beim Spielen auf den falschen Fuß geschickt hatte. Bei ihm hatte ich immer den Eindruck, daß ich zwei falsche Füße besaß.

Dieses schadenfrohe, meckernde Lachen des anderen hinter dem Netz, wenn er einen ins Leere laufen ließ, verfolgt mich noch immer in meinen Träumen.

Nitschke sagte: »Nu ärgern Se sich doch nich asu. Wenn Sie selbst Ihren Quotsch erssählen, machen Ses doch genau asu.«

Da hatte er vielleicht recht. Da gibt es Verbindungen.

Inzwischen hatte ich ihn studiert und konnte ihn jetzt auch ganz gut nachmachen. Es hörte sich ungefähr so an:

»Ausholen und schlogen und durchziehen und rum mit da Hüfte! Hoch den Schläger und doß der Schläger dorte hinzielt, wo der Boll hinsoll. Nee, nich so. Nochamoll. Ausholen und rum mit da Hüfte! Nee, nich so rumzuppeln mit dem Schläger, dos hot er nich gerne und der Boll ooch nich und jetz kucken Se moll, wos Sie fier ne Figur abgäben, Sie sähn aus, als wullten Se Polka tanzen. Dos is hier Tennis, und Sie bezohln ooch noch dafier. Jetz tun Se amoll was fier Ihr Geld und Ausholn und Neeee! Wos wullten Se denn jetz träffen, der Boll konns nich gewesen sein, der wor schon woandershin unterwägs und Ausholn und rum mit da Hüfte! Nich ssso. Jetz kumm Se amoll ans Netz. Sähn Se moll.

Dos hier is Sport und nich Theater, wo man nischt andres macht als rumstehn und labern, und die Leute klotschen sogar noch. Hier klotscht keener, wenn Sie so rumstehn mit Knickbeenen. Athletisch sull das sein. Wie machen's denn die Athleten? Könn Se kegeln? Aha. Dann kegeln Se amoll. Genau und da gehn Se in die Knie, und der Körper geht nach vurne und rum mit da Hüfte! Und die Kugel geht dahin, wo Se hinkucken.

Sehn Se, kegeln könn Se, jetzt müssen Se bloß noch Tennis lern. Und schun geht's wieder los und Ausholn und Neee! Kumm Se moll ans Netz, kumm Se, kumm Se.

Sie ham ja Bücher zu Hause. Und die läsen Se ooch. Und Sie hoben Philosoofen geläsen, und vielleicht ham Se ooch Nietzsche geläsen, und wos sagt der? Nich hudeln, sagt er.

Und wenn Se da so rumpritscheln, da wern Se nie keenen Blumentopp nich gewinn damit, und keenen Mätchball wern Se kriegen, und guter Rat is teuer, und ich bin teuer, dos weess ich und ich mechte, daß sie hier nich uff dem Plotze rumkloppen und olle fragen, wem isn dos sein Schieler, dos konn ich nich leiden und jetzt Ausholen und rum mit da Hüfte und Haalt!

Kumm Se noch amoll ans Netz. Vergessn Se meine Räde nich: Immer dron denkn: Kägeln und Nietzsche. Schade, schun vorbei.«

Wer hat dieses blöde Spiel erfunden?

Immer wieder habe ich das bei den harten Trainingsstunden mit Nitschke durch die Zähne gequetscht.

Es gibt die verschiedensten Versionen.

In den Lexika steht natürlich sehr Vernünftiges darüber, auch Einleuchtendes über den Namen. Es kommt also nicht aus Tennessee, kann auch gar nicht, denn da war ja damals noch alles voller Indianer, und die sind alle weise gewesen, haben genug damit zu tun gehabt, sich zu ernähren, und hätten das Spiel, selbst, wenn es ihnen die Weißen mitgebracht hätten, abgelehnt. Schon die Art und Weise, wie man die Punkte zählt, hätte sie mißtrauisch gemacht. Die Häuptlinge dürften sofort vermutet haben, daß man sie auf diese Weise übers Ohr hauen würde, und hätten das Spiel verboten.

Nein, Tennis, so heißt es, käme von Tenne. Das klingt ordentlich. Glatt gewalzte Tennenböden, wo Bälle wieder hochspringen können. Das hieße also Scheunen. Denn wo sonst gab es Tennen? Also dort, wo auch Volkstänze mit Musikanten … in Bayern heißt ja Scheune Stadel … also irgendwie kommen wir da auf eine ganz falsche Schiene.

Das mit der Tenne kann nicht stimmen. Man muß ja bedenken, daß die unendlich emsigen Landmänner und -frauen ihre Bauerntennen zum Dreschen nutzten und auch für andere Arbeiten. Schwer vorstellbar, daß sie zwischendurch plötzlich Tennis spielten, nur weil es so heißt.

Nein, nein. Tennis ist etwas für Menschen, die nichts zu tun haben, die sich langweilen und darum unsinnige Sportarten erfinden. Normalerweise kann man sämtliche Sportarten, die merkwürdig sind, wie Polo, Kricket oder Zwergenwerfen, auf englische Kolonialoffiziere zurückführen.

Irgendwann, irgendwo in Indien hat ein Colonel mit dem Stock, den er benutzte, um den einfachen Soldaten auf die Finger zu hauen, wenn die Fingernägel schwarz waren, einen vorbeispringenden Gummiball gesehen und nach ihm geschlagen und getroffen.

Bei einem amerikanischen Offizier wäre daraus dann Baseball geworden, aber so ähnlich muß diese Sportart auch entstanden sein, wurde aber gar nicht weiterentwickelt, sondern einfach unbearbeitet übernommen.

Lediglich die Laufwettbewerbe wurden dazu erfunden. Das ist es dann auch, was Jahr für Jahr Millionen von Amerikanern begeistert.

Englische Kolonialoffiziere sind immer schon etwas anspruchsvoller gewesen. Sie kamen auf die Idee, den Schlagstock des Colonels zu einer Patsche zu vergrößern und sich so die Bälle zuzupatschen. Daraus hat sich dann Tennis entwickelt. Das klingt auch naheliegend, weil dadurch die komische Zählweise erklärbar wird.

Ein gewonnener Punkt bedeutete damals fünfzehn Whiskys, also 15:0; 30:0 gleich dreißig Whiskys, und dann vierzig und bei einem weiteren Punkt die ganze Zeche des Regiments.

Und es hieß anfänglich auch nicht Thirty:Love. Das ist auf einen Hörfehler zurückzuführen, da die Zuschauer immer schrien: »Thursty – love!«

Wenn man sich Gedanken macht, kommt man auf alles.

Weniger glaubhaft sind die antiken Versionen. Da müssen wir weit ausholen.

Als Amphitryon nach seiner Rückkehr nach irgendeiner siegreichen Schlacht – so wollte es Zeus – nicht wieder in das Bett von Alkmene durfte, weil Zeus drin war, dann aber durch einen Trick einen Tausch herbeiführte, soll Zeus vor Wut gezittert haben. Er schwor bittere Rache.

Als Amphitryon gegen seinen General Agathephontidas Tennis spielte und führte und zum siegreichen Matchball ansetzte, hätte, so heißt es, Zeus einen Adler ausgeschickt und den Ball aus der Luft stehlen lassen. Das Spiel mußte beendet werden, denn sie hatten nur einen Ball. Dadurch geriet das Spiel über viele Jahrhunderte in Vergessenheit und soll, überliefert ist es aber nicht, aber man sagt so, von jüdischen Türken aus Japan anläßlich der Belagerung von Beograd wiederentdeckt worden sein. Die Türken sollen glühende Kohlen über die Mauer geworfen haben, und die Belagerten nahmen Bratpfannen und pfefferten sie zurück, die Kohlen.

Und wenn jetzt jemand kommt und erfindet noch grauenvollere Entstehungsgeschichten, mir hilft es nicht, wenn der Ball auf mich zukommt. Ich denke gehorsam an Kegeln und Nietzsche. Und da liegt das wirkliche Geheimnis dieser Sportart.

Das Turnier

Wenn Nitschke begann, dreimal am Tag das Laub zusammenzufegen, war die Zeit für das Herbstturnier gekommen.

Für mich gab es einmal eine Sensation, ich überstand die erste Runde.

Als wir beiden Kontrahenten dann gemeinsam auf der Terrasse saßen, ich mit einem Glücksgefühl, er aber mit gar keinem enttäuschten Gesicht, dachte ich mir: Verdammt gut, wie der verlieren kann, und ich fragte ihn beiläufig, wie lange er denn schon spiele. Er strahlte mich an und sagte: »Im Frühjahr habe ich angefangen.«

Nicht, daß mich das enttäuscht hätte, nein, es hat mich vernichtet.

Später vertiefte Mosty die Depression, indem er, allerdings gutmütig, aber doch sagte: »Er is a Anfänger, gell? Du net. Du hast g'spielt wie oaner.«

Die zweite Runde hat alles wieder normalisiert.

Immerhin, auf der großen Tafel, die auf der Terrasse aufgestellt worden war, erschien mein Name zweimal.

Ganz oben, als gesetzte Nummer 1 stand natürlich Dr. Kuhnert, der durch seine Siege immer mehr nach vorn und nach innen rückte, auf das Finale zu, während ganz unten F. Rosenbauer als Nummer 2 sich ebenfalls dem Finale näherte. Die Spannung wuchs, ob die beiden gegeneinander antreten würden.

Einen Tag vor dem Semifinale erschien Rosenbauer mit

dem Arm in der Schlinge bei der Turnierleitung und verließ dann den Platz.

Kuhnert, der gerade dabei war, sein Semifinalspiel mühelos zu gewinnen, bemerkte es nicht.

Enttäuschung machte sich auf dem Platz breit. Mosty zischte: »Idioten.«

An Grützes Theke war Betrieb. Es wurde gehäkelt, geflüstert und gehetzt. Aber zu meiner Überraschung war gar nicht Kuhnert-Rosenbauer das Thema, sondern etwas ganz Unerhörtes wurde besprochen. Grütze hatte erzählt, daß am vorigen Abend bei ihm Weinprobe gewesen wäre, die reichlich feucht verlaufen sei, wodurch die Verhältnisse, auch die Eheverhältnisse, durcheinander geraten seien, und als Höhepunkt sei ihm vorgekommen, daß er deutlich Fritz Mettke und Sieglinde Klein in der Damentoilette akustisch beim Vögeln erlebt hätte. Er kenne diese zwei Stimmen nun wirklich lange genug, und sie hätten auch für eine kurze Weile am Tisch gefehlt.

Gerüchte-Grütze, was soll man da sagen?

Ich habe es ihm sofort geglaubt.

Als ich es Mosty erzählte, winkte er ab und meinte:

»Wos wuist macha? A Preiß, der a Lodenjoppen anzieht, vögelt a in der Toiletten.«

Das war ein 6-Whisky-Witz.

Er wirkte an dem Abend aber sanftmütig und redselig, und ich nutzte die Gelegenheit.

»Also, Mosty, der Kuhnert hat damals in Berlin gelebt und hat sich von seiner Frau scheiden lassen, weil sie Jüdin war.«

Mosty: »Hast net lang nachdenken müssen, gell? Er fing grad seine Karriere im Propagandaministerium an. Naja, hat er gesagt, haben andere auch gemacht, die größer waren als ich. Mit dem Regime selbst, hat er gesagt, hat er nie was zu tun ghabt. Glaub' ich ihm.«

Und ich, mit offenem Munde: »Ist nicht dein Ernst.«

Mosty: »Mein voller. Hat sich nach dem Krieg herausgstellt.«

Und ich: »Wer hat das bestätigt?«

Mosty: »Rosenbauer.«

Ich: »Wie bitte?«

Mosty: »Was glaubst du, wer in dem Berliner Tennisclub neben dem Kuhnert gesessen ist?«

Ich: »Doch nicht der Rosenbauer!«

Mosty: »Genau der.«

Ich: »Ist der nicht … äh …?«

Mosty: »Sag's doch. Jude, meinst du? Nie. Vielleicht wird er's noch.«

Ich: »Aber hier im Club waren sie doch noch Freunde?«

Mosty: »Sicher. Alle. Die Männer, die Frauen und die Söhne.«

Ich: »Hat der Rosenbauer den Kuhnert irgendwie finanziell …?«

Mosty: »Naa, die san durch. Dene passiert nix mehr.«

Mosty hatte genug und wollte nach Hause. Wenn er diesen Entschluß gefaßt hatte, war nicht mehr mit ihm zu reden. Dann war ihm meistens schlecht, und er wollte sofort nach Hause, sich hinlegen und eine halbe Flasche gegen die Schmerzen in seinem Bein und gegen die Übelkeit trinken.

Wenn er gegen Mittag aufwachte, war ihm übel, und er trank sofort dagegen an. Wenn er seinen Pegel wieder normalisiert hatte, ging er auf den Tennisplatz, spielte eine Runde, setzte sich auf die Terrasse und wartete auf jemanden zum Anpöbeln. Wovon er sich dieses Leben leisten konnte, wußte niemand im Club.

Später erfuhr ich, daß er irgendein Erbe vertrank.

Als wir ihn einmal zu uns einladen wollten, lehnte er mit der Bemerkung ab, er gehe nicht zu anderen Leuten. Uns zu sich einzuladen, wäre ihm nie in den Sinn gekommen.

Eines wollte ich immer von ihm wissen. Und ich stellte ihm diese gefährliche Frage:

»Warum spielst du eigentlich hier am Laubenschlag, wenn du den Kuhnert dauernd siehst?«

Und er sagte etwas Furchtbares: »I wart auf den Moment, wo er sich bei mir entschuldigt.«

Halleluja

Wenn ich in ein Halleluja ausbreche, ist das nicht der Ausdruck meiner neu entdeckten Frömmigkeit. Es ist die Lösung für mein Selbstbewußtsein als verzweifelter Tennisspieler.

Als ich nach dem Turnier mein Fazit gezogen hatte und nach harter Selbstanalyse zu dem Ergebnis gekommen war, daß ich es in diesem Leben nicht mehr lernen würde, fragte ich mich: »Was aber, wenn du weiterspielen willst, weil du gegen eine Leidenschaft nichts machen kannst?«

Und just in diesem Jahr begann die Epoche der Hallen. Der Mehrzweckhallen, Superturnhallen, Tonhallen, Musikhallen, Schwimmhallen, ja, und der Tennishallen. Und da wußte ich: Das ist meine Chance. Nicht weil ich da drin besser spielen könnte, nein, weil mich da außer meinem Gegner niemand sieht. Zunächst wurden die Dreiplatz-, dann die Zweiplatz- und endlich die Solohallen gebaut. Halleluja!

Und während sich die Städte und Gemeinden mit dieser Hallerei damals so verschuldet haben, daß sie bis heute unter ihrem damaligen Übermut leiden und teilweise drei Hallen in einem einzigen Ort bespielen, beturnen, beballern müssen, was bei ausfallenden Löhnen auf Grund von ausfallenden Arbeitsplätzen gar nicht mehr möglich ist, haben sich die Tennishallenprivatunternehmer einen goldenen Bart verdient. Je mehr Hallen einer hatte, um so besser. Die Preise für eine Hallenstunde haben an Höhe gewonnen, aber ich bezahle das verbissen, weil ich, und das sogar bei 30 Grad Hitze im Sommer, nur mehr in der Halle spiele.

Vor kurzem ist mir ein Fehler in meiner Rechnung aufgefallen: Wenn ich gewinne, sieht es auch keiner.

Vielleicht kehre ich reumütig zurück und stelle mich noch einmal hinten an am Laubenschlag.

Dazu müßte ich allerdings das Siegen üben. Aber den Nitschke gibt es längst nicht mehr.

Er hat dort bis ins sehr hohe Alter gewirkt und gewerkelt und auch noch trainiert. Als er gehen mußte, war sein Leben beendet.

Ich traf ihn einmal auf der Straße, nachdem er nach Hause geschickt worden war. Er sah mich, freute sich, hatte aber gar nicht genug Zeit, Guten Tag zu sagen, weil er mir zunächst einmal sagen mußte: »Sähn Se amoll, Sie ham schon een Talent, is vielleicht jetz schon a bissel spät, aber das hab ich immer vergessen, Ihnen zu sogen, Sie missen mehr ran an a Boll. Wissen Se, Sie missen kucken, daß Se vorgehn, wenn der Boll kummt, aber nich zu nahe ran, sondern *so*, kucken Se mal, *so*, und dann ham Se Plotz zum Schwingen, aber Se dürfen den Oberkörper nich nach hinten, sonern ran an a Boll. Dos hob ich vergessen. Ich muß meine Enkelkinder abholn, scheen, doß ich Sie gesähn hob, und nich vergessen: Ran an a Boll!«

Selbstverständlich führte er das, was er mir zu sagen hatte, auch auf der Straße aus. Und weg war er.

Übrigens, wen ich noch einmal in der Stadt gesehen habe: Sven und Ulli, die Söhne von Kuhnert und Rosenbauer. Gingen zusammen ins Kino und sahen nicht sehr zerstritten aus.

Bald hat die Natur ein Dach über dem Kopf

Mein Weg in die Halle, so wurde mir versichert, war folgerichtig. Und damit sei ich der Entwicklung gar nicht so weit voraus, wurde mir versichert von den Dachitekten.

Schon bald, die Pläne seien bereits vorhanden, werde über alles, was draußen geschieht, ein Dach gebreitet. Und ich weiß, daß es schon Versuche gibt, den wettergefährdeten Urlaub in Riesenhallen zu verlegen. Die Temperaturen könnten geregelt werden, das Wasser wäre sauber, ständig erneuert, und der im August sonst ausbleibende Wind für die Kühlung der menschlichen Haut würde geregelt werden können. Über allem läge immer ein Hauch von Musik. Bei ununterbrochen stattfindenden Shows mit ununterbrochen lustigen Moderatoren würden dann ununterbrochen Sieger ermittelt, die sich Hallenstimmungen wünschen können oder Wasserqualitäten verschiedenster Art. Ein Tag Nordsee mit Salzwasser oder ein paar Tage lang Adria mit künstlichen Fischen, die man auch fangen kann, dann aber wieder bei den Bäderverwaltungen abgeben muß. Die Hallen sind so riesenhaft, daß man das Gefühl von Horizont empfindet, wenn nötig dort auch Schiffe vorbeiziehen sehen kann.

Haben die Urlaubsinsassen das Gefühl, sie müßten nachprüfen, wie es denn draußen aussieht, wären an den Hallenrändern unzählige Monitore angebracht, die die Landschaft vorüberziehen lassen, so daß man nicht nur eine stehende

Landschaft vermittelt bekommt, sondern quasi eine Auswahl. Mit einem Handmonitor könnte der solcherart verwöhnte Hallentourist auch die Art der Außenwelt bestimmen. Er darf sich die Abruzzen wünschen oder Gelsenkirchen oder sein Heimatdorf in Oberbayern. Die Versicherungsgesellschaften haben bereits ein heftiges Interesse angemeldet.

Hallentouristen, die nach ein paar Tagen Langeweile empfinden, bekommen spezielle Eventmonitore zur Verfügung. Hier kann man sich wiederum für verschiedene Unterabteilungen entscheiden, zum Beispiel zwischen Angestellten-Fellatio und Autounfall.

Über allem in dieser Riesensupertophalle liegt ein Schleier von Badeöl, so daß eine Einschmierung nicht nötig sein wird. Im Hintergrund steht immer ein Heer von Hallenanimateuren bereit, die auf Handy und auf Wunsch den Gast in das Wasser tragen. Es kommen herrliche Zeiten auf uns zu. Halleluja.

Als nächsten Schritt erwägt man, auch begrenzte Kleinkriege zwischen Regierungstruppen und Rebellen unter Hallendächer zu verlegen. Man hätte dann den Ausgang dieser territorialen und ethnischen Meinungsverschiedenheiten im Griff, und wenn es unnötig eskaliert, dreht die NATO einfach das Licht aus.

Und einen Riesenvorteil hätte das auch noch dadurch, daß man ganz oben unter den Hallendächern Zuschauertribünen einrichten könnte und damit die gute alte Tradition der Schlachtenbummlerei wieder eingeführt haben würde.

Und wenn wir unser ganzes Leben unter Dach und Fach bekommen könnten, dort hundert Jahre verbringen wollten, hätte in dieser Zeit die Natur draußen Gelegenheit, sich von uns zu erholen.

Die Menschheit aber, wie ich sie kenne, läßt sich von vernünftigen Vorschlägen für das Überleben nicht leiten.

Auf nach Wimbledon!

Wir hatten es geschafft, die Laubenschläger zu einem Wochenendausflug nach Wimbledon zu überreden.

Ein Jahr zuvor hatten wir besagten Roy Emerson mit seinem verzwickten Aufschlag gegen seinen Doppelpartner Fred Stolle siegen sehen. Wie es mir gelang, weiß ich nur noch ungefähr, jedenfalls muß ich sehr begeistert gewesen sein, als ich die Kleins, die Mettkes und Mosty überzeugte. Ich erklärte ihnen, schon der verbilligte Flug nach London sei ein unvergeßliches Erlebnis. Wie diese Fluggesellschaft diese soziale Forderung »Wir müssen zusammenrücken« in die Tat umgesetzt habe. Sie hätten die Sitze so zusammengerückt, daß sie noch zwei Reihen mehr herausbekämen, und das sei sehr lustig gewesen, weil man sich auf diese Weise so nahe gekommen sei. Und es seien nur Tennisfanatiker in der Maschine gewesen. Bis nach Gatwick, ungefähr siebzig Kilometer von London entfernt, wo wir landeten, hätte man nur über Tennis gesprochen.

Auch in dem Bus von Gatwick nach London sei ausschließlich von Tennis geredet worden, und man habe so unendlich viel über diesen Sport gelernt.

Einer hätte sogar seinen Tennisschläger dabeigehabt!

Auf die Frage warum, hätte er in vollem Ernst geantwortet: »Falls einer ausfällt, man weiß ja nie.«

Die Erzählung in dieser Form muß den Laubenschlägern gefallen haben, denn sie wurden immer interessierter.

Und als Irene erzählte, daß wir im Gloucester-Hotel gewohnt hätten, wo fast alle aktiven Spielerinnen und Spieler abgestiegen wären, auch spätere Wimbledon-Sieger, und daß man auch dort, in der Hotelhalle, man nur über Tennis gesprochen hätte, da waren sie fast schon gewonnen.

Ich habe dann jedoch einen ganz dummen Fehler gemacht und auf die Frage nach dem Zimmerpreis in diesem Hotel keine ausweichende Antwort gegeben.

Aber dann erzählten wir, wie dieses ganze Tennisjahresfest abläuft, daß es nichts zu tun hat mit extravaganten Veranstaltungen wie Ascot, also keine breitrandigen Extremhüte vonnöten sind, sondern es sich um ein echtes Volksfest handele, bei dem an manchen Tagen bis zu 30 000 Menschen auf den Plätzen herumliefen. Ganz normale junge und alte Menschen mit großem Tennissachverstand, die alle Spiele mit Fairneß und viel Sinn für gutes Tennis begleiteten.

Auf die Frage, was es denn mit diesen berühmten Erdbeeren auf sich habe, muß mir irgendwas eingefallen sein, was sie mißtrauisch gemacht hat.

Ich glaube, Irene hat mich ans Bein getreten, als ich erzählte, daß es sich um ein seltenes Naturereignis handele, da hier früher, bevor die Rasenplätze angelegt worden wären, Erdbeerfelder gewesen seien, und die Erdbeeren hätten sich in hundert Jahren nicht verdrängen lassen und wüchsen in den spielfreien Monaten einfach wieder durch das Gras. Und weil das so eine rare Erscheinung sei, wären sie auch so teuer.

Das Putzige an Wimbledon sei die Anwesenheit von vielen verschiedenartig uniformierten Polizisten, wozu sich wahrscheinlich noch die doppelte Menge an Geheimpolizisten füge, die alles im Blick hätten und jeden Spieler, der sein Spiel beendet hätte, zurück in die Kabine eskortieren würden. Der Blick dieser abführenden Sicherheitssoldaten hätte mich zunächst auf den Gedanken gebracht, daß der Spieler seinen Gegner spontan umgebracht haben könnte.

Besonders atemberaubend sei der Blick auf die königliche Loge, wo eine gewisse Zwangsteilnahme an diesem Ereignis seitens der königlichen Familie nicht zu verkennen gewesen sei. Ein mehrmaliges Gähnen hinter vorgehaltenem Hut bleibe einem aufmerksamen Beobachter nicht verborgen.

Eine Reihe von Logen sei konstant mit Members of the All England-Club Wimbledon besetzt, die so verwittert aussähen, als seien sie nach Ende der letzten Veranstaltung gleich bis zum nächsten Jahr sitzen geblieben.

Der Center-Court aber und Platz 2 und 3 seien eine Attraktion, die man genossen haben muß. Es sei einmalig, auf dieser Tribüne zu sitzen und die Besten der Welt dort kämpfen zu sehen.

Dieses Argument muß dann ausschlaggebend gewesen sein, und man beschloß, einen Betriebsausflug der Menschen vom Laubenschlag zu veranstalten. Willi und Sieglinde Klein, Fritz und Irmgard Mettke, Mostmaier sowie Irene und ich würden daran teilnehmen. Und genau von diesem Zeitpunkt an betete ich, daß alles gelingen möge, daß die Erdbeeren noch da seien, die uniformierten Polizeikomiker, daß die Schwarzmarktpreise für die Billetts erschwinglich sein würden …

Ich hatte ihnen nämlich wohlweislich verschwiegen, daß Eintrittskarten so teuer werden können wie Billetts für die Mailänder Scala, weil die Sitzplätze im Uraltbesitz der uralten Members sind und vererbbar! Also gibt es gegenüber dem Eingangstor einen florierenden Schwarzhandel, der von der Polizei gut bewacht wird. Die Preise für die Karten schwanken aber wie Börsenkurse oder die Erdbeerpreise. Es kommt darauf an, ob die Favoriten in die letzten Runden kommen. Wenn nicht, werfen sie einem die Karten förmlich hinterher.

Ein Jahr zuvor war ein krasser Außenseiter ins Finale gekommen. Katastrophe! Wir bekamen die Karten für einen Bruchteil des Normalpreises. Das wütende Gesicht meines Händlers blieb mir lange im Gedächtnis …

Ich betete, daß die Favoriten drin bleiben mögen, die Preise aber dennoch niedrig und daß das Wetter …

Wimbledon bei Regen? Zu Hause bleiben. Schlechte Laune auf den Rängen, bei den Spielern, bei dem mürrischen Schiedsrichter. Schiedsrichter in Wimbledon haben den Humor und Charme von Frau Thatcher, wenn ihr widersprochen wird.

An einem Donnerstag sehr früh sollte geflogen werden.

Am Abend vorher trafen wir Mosty im »Casino«. Er schaute uns etwas verschlagen an, und ich merkte, daß er sein feierliches Versprechen, weniger zu trinken, nicht gehalten hatte.

Als ich ihm meine Enttäuschung nicht verbergen konnte, knautschte er heraus: »I hab mir vorg'nommen only two verstehst? Zwoa und net mehr, verstehst?«

Ich fragte zurück: »Ja und?«

Mosty: »Is mir net glungan.«

Er wiederholte es in diesem hochmütigen Bayrisch, das die Bayern sprechen, wenn sie glauben, sie müßten das den Preußen noch einmal genau auf Hochdeutsch erklären, weil die zu blöd sind, es zu begreifen:

»Es ist mir nicht gelungen!«

»Ja und?«

»Ja mei, da hob i's hoit noch amoi vo vorn versucht.«

Am nächsten Morgen standen wir allein auf dem Flughafen Riem. Wo Mosty geblieben war, wußten wir. Aber wo blieben die Kleins und die Mettkes?

Etwas später, nach unserer Rückkehr, haben wir dann erfahren, daß die Kleins sich in dieser Nacht endgültig zerstritten haben, daß dadurch der Rechtsanwalt Mettke erst erfahren hat, was in den letzten Jahren so alles geschehen war, und daß beide Ehepaare fortan in Kampfscheidung lebten.

Ihr Doppel spielen sie nach wie vor unbeirrt.

Die Karten in Wimbledon waren übrigens zu teuer, das Finale langweilig, das Wetter schlecht und das bereits gebuchte Hotel overbooked.

Mein Gott, waren wir froh, daß sie nicht mitgekommen waren.

Rebellion auf Platz 4

Am Sonntag nach unserer Rückkehr aus Wimbledon geschah etwas Erstaunliches. Dr. Kuhnert trainierte wie gewöhnlich lautstark und mit beleidigenden Sätzen seinen Sohn Sven.

Niemand sah so richtig hin, es war die übliche Geräuschkulisse. Plötzlich hörten wir scharfe Befehlstöne des Vaters wie: »Komm sofort zurück auf den Platz!« und: »Was erlaubst du dir? Ich sage dir, wenn Pause ist!« und sahen Sven zur Terrasse hinaufgehen. Er schaute nicht zurück. Kuhnert stand allein auf Platz 4 und sah fassungslos seinem Sohn hinterher.

Sven stellte ohne ein Wort seinen Schläger an die Hüttenwand, nahm sein Fahrrad und verließ den Laubenschlag.

Er ist nie wiedergekommen. Später wurde berichtet, er sei im Einverständnis mit seiner Mutter und mit ihrem Geld und mit Ulli Rosenbauer zum Studium nach Amerika gegangen. Man sagt, er habe nie mehr Tennis gespielt.

Kuhnert kam totenblaß herauf, stand ein paar Minuten lang bei uns und murmelte: »Was habe ich ihm denn getan?«

Niemand wollte ihm eine Antwort geben.

Die Geschichte mit den Rockaufschlägen

Ein Rockaufschlag ist keine besonders raffinierte Art von Aufschlag, sondern wirklich nur der Aufschlag eines Jacketts. Er spielt allerdings eine besondere Rolle im Leben von Kuhnert und Rosenbauer.

Irgendwann einmal erwischte mich der Rechtsanwalt Mettke allein beim Bier, setzte sich zu mir und hatte offenbar das dringende Bedürfnis, mir etwas zu erzählen.

Mettke: »Wir hatten doch mal ein sehr brisantes Gespräch mit Herrn Mostmaier, der so tat, als wisse er so viel über die beiden, die zum Clubgespräch geworden sind.«

Dabei zog in sein Gesicht so etwas Besserwisserisches, Überlegenes ein. Wenn Mettke dozierte, wurde gewöhnlich der Tisch mit der Begründung, man habe wahnsinnig viel zu tun, fluchtartig verlassen.

Seine Sätze wurden dann gravitätisch und stolzierten einher wie ein Marabu.

Bei einer ganzen Reihe von bayerischen Rechtsanwälten habe ich das schon bemerkt. Es muß sich um etwas Vererbtes aus vorigen Jahrhunderten handeln, als bayerische Akademiker zusammen mit den Militärs unter dem Schutz der alleinherrschenden Kirche das Volk nach Belieben beherrschen konnten.

So will es hierzulande die Hierarchie: Der erste Sohn bekommt den Hof, der zweite wird Rechtsanwalt, und der dritte wird Pfarrer. Der Rest wandert aus.

Mettke hatte alle Anzeichen eines Zweitsohnes aus Niederbayern.

Sehr oft versteckt sich hinter dieser sich wie Mehltau auf alles legenden viel zu langsamen Beredsamkeit ein zu kurzes Studium und meistens eine zu früh begonnen habende Karriere. Man muß Zeit haben, wenn man die ganze Suada in sich aufnehmen möchte. Rückfragen verändern meistens nicht das Tempo und schon gar nicht den Wortlaut des Meinungsauswurfs. Sehr oft ist dieses Phänomen auch in Talk-Shows des BR III zu beobachten.

Mettke war der Prototyp.

Ich könnte also jetzt gar keinen Dialog nacherzählen, denn es war keiner.

Mettke hatte sich wohl vorbereitet. Es klang alles wie ein vorgelesenes Manuskript.

Was er zu erzählen hatte, war allerdings interessant.

Was das frühere Leben von Kuhnert und Rosenbauer anginge, so meinte er, kenne er sich gut aus. Es sei ja auch an der Zeit, die ganze Angelegenheit aufzudecken, weil sie Rückschlüsse auf diese sogenannte Vergangenheit zulasse. Mostmaier habe ja, wie es so seine Art sei, sehr oberflächlich an dem Leben der beiden Herren in den letzten Jahren des Dritten Reiches gekratzt, aber in Wirklichkeit sei die angebliche Karriere des Dr. Kuhnert in dieser Zeit keine gewesen. Rosenbauer hingegen habe damals beste Verbindungen zur Partei gehabt.

Nach dem Kriege aber habe nun Rosenbauer den Kuhnert angezeigt, weil er mit dem Parteiabzeichen am Rockaufschlag herumgelaufen sei. Das gab Kuhnert zu, ging aber zum Gegenangriff über und sagte aus, erstens habe Rosenbauer auch eins am Rockaufschlag getragen, was wiederum Rosenbauer zugeben mußte, und zweitens, und das war die Sensation in diesem Prozeß, könne er nachweisen, daß Rosenbauer ihn bei der Partei denunziert hätte.

»Und«, sagte Mettke verschwörerisch, »wenn Rosenbauer aufgegeben hätte, hätten wir nichts mehr gemacht, aber … »

»Moment«, kam ich gerade mal so dazwischen, »was heißt denn wir?«

Mettke: »Ich war Kuhnerts Anwalt.«

Aber Rosenbauer hätte nicht aufgegeben, und so wäre es dann herausgekommen.

Und ich: »Was? Was ist herausgekommen?

Mettke: »Daß der Rosenbauer den Kuhnert deswegen angezeigt hat, weil er ein Parteiabzeichen am Rockaufschlag trug, ohne in der Partei zu sein.«

Und da verschlug es mir schon ein bißchen die Sprache.

Als ich diese Geschichte am nächsten Morgen Mosty erzählte, nickte der nicht sonderlich überrascht und sagte: »Was willst machen mit Leut so wie mit dem Mettke? Die Gschicht stimmt im Prinzip. Sie hat bloß oan Haken: Sie war genau umgekehrt.«

»Außerdem«, und jetzt war er schon sehr ungeduldig, »hab' ich dir immer wieder g'sagt, daß sie erst *nach* dem Prozeß richtig befreundet waren.«

»Wie ging *das* denn?«

»Mei, jetzt streng dein Hirn an. Sie mußten sich verbünden, damit diese blamable Sache unter ihnen blieben is.«

Das leuchtete mir ein.

Späte Einsicht

Warum muß es Tennis sein? Kein Mensch hat mir zugeraten, in meinem Leben immer wieder und weiterzuspielen. Nur ich habe mich ermuntert.

Es gibt einfache Dinge im Leben.

Lesen zum Beispiel bereitet mir überhaupt keine Mühe. Essen habe ich vom ersten Tage an gekonnt. Sogar Messer und Gabel konnte ich schon mit fünf Jahren gesittet zum Munde führen. Hoppla, das Messer natürlich nicht.

Über Gräben springen, Hunde an der Leine führen, Zeitungen aufschlagen und wieder zuschlagen, Sätze bilden, die Kommata an der richtigen Stelle erahnen, telefonieren, faxen, auf Bühnen Zeug erzählen, kleine Reime machen, Kursbücher lesen (!), Auto fahren, all das fällt mir leicht, und ich kann es leidlich, warum kann ich immer noch nicht Tennis spielen?

Ich weiß es jetzt.

Es ist zu schwer.

Nachträglich ist noch zu sagen …

daß Mosty seinen letzten Whisky nicht mehr so recht genießen konnte. Er starb, und das wird ihm sehr unrecht gewesen sein, nüchtern. Seine Frau, niemand hatte gewußt, daß es sie gab, sorgte dafür, daß er dort starb, wo er niemals hingewollt hatte, im Krankenhaus. Wir haben ihn nicht mehr gesehen. Er lehnte Besuche schroff ab.

Der Rechtsanwalt Mettke liegt auf einem Friedhof im Süden der Stadt, seine Geliebte, also Sieglinde Klein, auf einem im Norden. Sie waren mit seinem Motorrad an einen Baum gefahren, und Willi Klein behauptete, da hätte früher nie einer gestanden.

Grütze hat am Straßenrand – die Tennisplätze am Laubenschlag gibt es nicht mehr, es steht jetzt eine sehr moderne Wohnanlage dort –, eine Frittenbude aufgemacht, gleich neben einem Frisiersalon. Er nennt sie Frittiersalon. Er trinkt überhaupt nichts mehr und leidet an zunehmender Schlaflosigkeit.

Von Dr. Kuhnert weiß man nichts, von Rosenbauer hört man nichts.

Aber Mosty hat mir kurz vor seinem Tode verraten, warum sich die zwei so unendlich verkracht hatten.

Als ich es erfahren hatte – ich wollte erst meinen Ohren nicht trauen –, fragte ich Mosty, warum er mir das nicht schon früher erzählt hätte, und er antwortete: »Du hättst es net glaubt.«

Er war eines Abends mit mir auf den Platz 4 gegangen, hatte mit seiner Prothese ein Kreuz in den roten Sand gemalt und gesagt: »Es war ein entscheidendes Spiel um Platz 1. Kuhnert hat eine Rückhand hier in die äußerste Ecke geschlagn, und der Schiedsrichter hat den Ball gut geben. Rosenbauer hat g'sagt: ›Der Ball war aus‹, und der Schiedsrichter hat gsagt: ›Gut‹, und der Kuhnert hat nix gsagt.«

»Das war's also?«

»Naa. Der Rosenbauer hat nachher zum Kuhnert gsagt: ›Betrüger.‹ Das war's.«

Anhang

Hinweise und Erklärungen für Leser, die etwas haben, was ich für ausgeschlossen halte: keine Ahnung von Tennis.

WIMBLEDON: Keine spanische Einrichtung, beispielsweise eine Tennisstiftung, die nach Don Wimble benannt ist, sondern ein Vorort von London, in dem sich die berühmteste Tennisanlage der Welt befindet, auf der alljährlich in der letzten Juniwoche sowie der ersten Juliwoche die Allstar-Tennismeisterschaften der Welt stattfinden. Journalisten nennen den Ort unermüdlich und immer wieder von neuem »das Mekka der Tennisspieler«.

Das Besondere an Wimbledon: Es handelt sich um Rasenplätze.

SATZGEWINN: Kein zu sprechender oder gesprochener Satz ist hier gemeint, sondern ein erspielter. Ein Satz besteht aus mehreren Spielen. Die Spiele setzen sich aus Punkten zusammen, die auf originelle Weise errechnet werden. Ein Pluspunkt bedeutet 15:0, zwei Pluspunkte 30:0, drei – Achtung: Unregelmäßigkeit – 40:0, vier Pluspunkte bedeuten ein gewonnenes Spiel. Der Satz wird solange gespielt, bis einer der Spieler sechs Spiele gewonnen hat. Erschwerend dabei ist, daß bis zu einem Satzende der eventuelle Sieger zwei Siegpunkte Vorsprung haben muß.

MATCHBALL: Hat einer der Spieler zwei Sätze gewonnen, nennt man den letzten Pluspunkt, den er gewinnt, den Matchball. Bei Grandslam-Spielen …

GRANDSLAM: Muß ich nicht erklären, weil es bei meinen Erinnerungen an meine Passion keine Rolle spielt.

AUFSCHLAG: Damit fängt das Spiel an. Der Aufschläger wirft den Ball in die Luft und versucht den Ball mit aller Wucht und Überzeugungskraft dem Gegner in ein dafür vorgesehenes Geviert zu schlagen.

RETURN: Das ist der Rückschlag, also die Antwort des Gegners auf der anderen Seite des Netzes, falls er den Aufschlag erreicht.

VORHAND: Für Rechtshänder der Schlag, bei dem die rechte Hand mit der Innenseite zum Gegner zeigt.

RÜCKHAND: Für Rechtshänder ein Schlag, bei dem die rechte Schulter vorgeschoben und der Ball um den Körper herum getroffen werden muß.

PASSIERSCHLAG: Ein Schlag des Gegners, der einem passieren kann, wenn man ans Netz läuft, um den Ball schon dort vorn zu treffen, der Gegner aber an einem vorbeischießt, ohne daß man herankommt.

ÜBERREISSEN: Eine Verzwirbelung des Balles, der dann im Feld des Gegners merkwürdige Sachen macht. Mir gelingt das nur, wenn ich falsch stehe, schaue und schlage.

SPIN: Eine Unterschneidung des Spielobjekts, wodurch der Ball sowohl eine Vorwärts-, als auch eine Rückwärtsbewegung mit auf seinen Weg bekommt.

GRUNDLINIE: Keine grundsätzliche moralische Verhaltensweise oder ähnliches, sondern die letzte Linie des Spielfeldrechtecks, die der Ball nicht überfliegen darf, wenn der Verursacher des Schlages ihn als Pluspunkt angerechnet bekommen möchte. Springt der Ball hinter der Grundlinie auf, ruft der Linienrichter laut: »AUS!« Das ruft er auch, wenn der Ball seitlich ins Aus geht.

NETZ: Eine Trennung der Gegner und ein zusätzliches Handicap. Landet der Ball in diesem Netz, ruft der Schiedsrichter nicht »NETZ!«, weil man das deutlich sieht.

LONGLINE: Wird im Inneren des Buches genügend erklärt.

Ein Abseits oder ähnliche intellektuelle Zusatzhandicaps gibt es beim Tennis nicht.